Max Jubisch

Der rationelle Betrieb der Obstbaumschule und Obstbaumpflege

für mittel- und norddeutsche Verhältnisse

Max Jubisch
Der rationelle Betrieb der Obstbaumschule und Obstbaumpflege für mittel- und norddeutsche Verhältnisse

ISBN/EAN: 9783742896964

Hergestellt in Europa, USA, Kanada, Australien, Japan

Cover: Foto ©Andreas Hilbeck / pixelio.de

Manufactured and distributed by brebook publishing software (www.brebook.com)

Max Jubisch

Der rationelle Betrieb der Obstbaumschule und Obstbaumpflege

für mittel- und norddeutsche Verhältnisse

Der rationelle Betrieb

der

Obstbaumschule und Obstbaumpflege

für mittel- und norddeutsche Verhältnisse

nach neuesten Beobachtungen und praktischen Erfahrungen sachlich und kurz dargestellt

von

Max Jubisch,

Obergärtner und Lehrer an der Gärtnerlehr-Anstalt
zu Rötha bei Leipzig.

Selbstverlag des Verfassers.
1879.

Vorwort.

Der Aufforderung mehrerer Fachgenossen, Schüler und Gartenbesitzer Folge gebend, wage ich mit Gegenwärtigem die bereits vorhandene Literatur über Obstbau um ein neues Werkchen zu vermehren, das in möglichster Kürze und in faßlicher Weise das Wichtigste und Wissenswertheste über diesen Gegenstand an die Hand geben soll.

Wenn der kurz bemessene Inhalt des vorliegenden Schriftchens es nicht gestattete, die Obstbaum-Krankheiten sowie die dem Obstbau nützlichen und schädlichen Insecten mit zu erwähnen, so gestatte ich mir bezüglich dieser Specialitäten auf nachbenannte Schriften zu verweisen:

Prof. Dr. Sorauer, Handbuch der Pflanzenkrankheiten, und

Prof. Dr. Taschenberg, der Obstschutz.

Gegenwärtiges Werkchen ist insbesondere für angehende Baumzüchter, Baumgärtner und Baumwärter als Rathgeber bei den praktischen Arbeiten bestimmt. Möge es diesen Zweck erfüllen und sich einer nachsichtigen und wohlwollenden Beurtheilung der Fachmänner erfreuen dürfen, und möge es ein kleines Scherflein beitragen zur Förderung des allgemeinen Volkswohlstandes; dies ist der Wunsch und die Bitte

Rötha, im November 1878.

des Verfassers.

Inhaltsübersicht.

Erster Abschnitt.
Die Obstbaumschule.

Einleitung.
1. Wahl des Standorts.
2. Boden.
3. Bearbeitung des Bodens, Einfriedigung der Obstbaumschule.
4. Saatschule.
5. Vermehrungsmethode durch Stecklinge, Wurzeltriebe, Ableger, Augen.
6. Pikir- und Edelschule.

Zweiter Abschnitt.
Empfehlenswerthe Veredelungsarten bei Obstbäumen.

1. Oculiren.
2. Copuliren.
3. Pfropfen in den halben Spalt.
4. Pfropfen mit dem Keilschnitt oder Gaisfuß.
5. Nachtheile einiger gebräuchlichen Veredelungsarten.
6. Bereitung von Baumwachs.

Dritter Abschnitt.
Erziehungsmethode bei Obstbäumen.
1. Erziehung junger veredelter Obstbäume in der Baumschule.
2. Verpackung der Obstbäume bei weiterm Versandt.
3. Aufbewahrung der Edelreiser.
4. Aufzählung der für die Obstbaumschule nothwendigen Geräthschaften.

Vierter Abschnitt.
Die Obstbaumpflege.
1. Vorbereitung beim Pflanzen der Obstbäume.
2. Das Pflanzen der Obstbäume auf Felder, an Wegen, Chausséen ꝛc.
3. Der Baumkronenschnitt in den ersten Jahren nach der Pflanzung.
4. Auspuzen und Reinigen der Obstbäume.
5. Verjüngen und Umveredeln alter Bäume.
6. Düngung der Obstbäume.

Fünfter Abschnitt.
Wahl der Obstsorten.
1. Obstsorten, welche vom deutschen Pomologenverein für Mittel- und Norddeutschland empfohlen worden sind.
2. Obstsorten, welche vom sächsischen Obstbauverein für kalte und rauhe Lagen empfohlen worden sind.
3. Obstsorten, welche für alle Verhältnisse, besonders für Mittel- und Norddeutschland passen.

Erster Abschnitt.

Die Obstbaumschule.

Wir verstehen unter Baumschule ein Stück Land, welches zur Vermehrung und Erziehung von Obstbäumen bestimmt ist.

Die Anlage der Baumschule richtet sich nach den örtlichen klimatischen und Bodenverhältnissen des Terrains.

1. Wahl des Standortes.

Zur Anlegung einer Baumschule eignet sich vorzüglich ein Terrain, welches möglichst isolirt, frei und offen gelegen ist und weder von Gebäuden noch durch hohe Baumbestände, die oft den Heerd für die dem Obstbau schädlichen Insecten bilden, beschattet wird.

Ferner muß das Terrain vor Ueberschwemmungen gesichert und weder an Grundwasser noch an beständiger Trockenheit zu leiden haben.

Kann es ferner eingerichtet werden, daß man den Platz gegen heftige Stürme und Frühjahrsfröste (besonders während der Blüthezeit) thunlichst schützt, und wird derselbe womöglich von einem Bach durchrieselt, so hat man ein Terrain, wie es besser kaum zu wünschen ist.

Man hüte sich ja, seine Baumschule in der Nähe von chemischen Fabriken anzulegen, da in solcher Nach=

barschaft nicht nur das Wasser, sondern sogar die Luft derartig verdorben wird, daß die meisten Bäumchen zu Grunde gehen und die übrigbleibenden sich stets in einem krankhaften Zustand befinden. Ist in der nächsten Nähe kein Teich, Fluß, Canal oder Bach, so scheue man keine Kosten und lege einen Brunnen an, der durch unterirdische Röhren einige in entsprechenden Entfernungen anzulegende Bassins speist, denn ohne hinreichendes Wasser kein gedeihliches Pflanzen- und Baumleben, kein Auflösen der mineralischen Bodenbestandtheile, die der Baum zu seinem Aufbau bedarf. —

2. Boden.

Wie schon erwähnt, übt der Boden einen großen Einfluß auf das Gedeihen der Obstbäume aus.

Für die Obstbaumzucht ist am besten ein warmer, mäßig lockerer, etwas feuchter, sandiger Lehmboden, oder lehmiger Sandboden, oder auch nur kalkhaltiger Boden, in welchem die Obstbäume kräftig wachsen und die Früchte ihre größte Güte erreichen.

Der Untergrund muß vor Allem durchlassend sein, d. h. das Wasser muß guten Abzug haben und die Wurzeln müssen gut durchdringen können, welche Eigenschaft der Lehmuntergrund besitzt.

Dagegen hüte man sich vor steinigtem, bündigem, festem Geröll- oder Felsboden, Kies; wenn er in gehöriger Tiefe vorkömmt, ist es hingegen weniger nachtheilig.

Im Allgemeinen liebt man es, die Baumschulen auf einem etwas leichten, nicht zu fruchtbaren Boden anzulegen, weil beim Verpflanzen der Baum auf einem bessern Platz sich viel kräftiger und schneller entwickelt, als wenn man umgekehrt die Bäume aus gutem Boden auf schlechtes Land versetzen wollte.

Ist der Boden auf dem bestimmten Terrain durchgängig geprüft, so kann man mit den eigentlichen Arbeiten, Bearbeitung und Eintheilung der Obstbaumschule beginnen.

3. Bearbeitung des Bodens. — Einfriedigung und Eintheilung der Obstbaumschulen.

Die erste und nothwendigste Arbeit betrifft zunächst die Umarbeitung des Bodens, das sogenannte Rigolen. Das Rigolen geschieht, indem auf einander folgende parallele Gräben angelegt werden, die je nach der Güte des Untergrundes 0,33 m bis 0,50 m tief gemacht werden und mit der Erde des zweiten, der erste vorläufig ausgeworfene, gefüllt wird. — Um den Boden des letzten Grabens nicht zu weit schaffen zu müssen, wird das zu rigolende Land in zwei gleich große Hälften getheilt und der letzte Graben der ersten Hälfte mit dem zuerst ausgeworfenen Boden der zweiten gefüllt, so daß dann der letzte Graben der zweiten Hälfte dem zuerst aufgeworfenen der ersten Hälfte gegenüber liegt und mit dessen Boden gefüllt wird. Beim Umarbeiten des Bodens entferne man alle Wurzeln, Keime, Quecken u. a. Unkraut.

Von großem Vortheile ist nun, die Erdschichten nicht gesondert, sondern soviel als möglich untermischt in die Gräben zu bringen.

Etwa unterzubringende frische Düngestoffe müssen so tief zu liegen kommen, daß die Wurzeln des Wildlings nicht darauf zu stehen kommen.

Das Rigolen geschieht zumeist im Spätherbst und Vorwinter; nur in kalkreichem und lockerem Boden im

Nachwinter, wo der rigolte Boden in hohen Kämmen liegen gelassen wird, um eine möglichst große Fläche der Luft auszusetzen und die Athmosphärilien (Düngestoffe aus derselben) aufnehmen zu können. Die Arbeit muß deßhalb so zeitig beendet sein, damit sich der Boden noch vor der Pflanzung gehörig setzen kann. Sehr zu empfehlen ist, das frisch rigolte Land wenigstens 1 Jahr vor der Verpflanzung mit Gemüse zu bebauen, insbesondere mit Bohnen, Erbsen, Kartoffeln, da diese gleichzeitig auch das Unkraut unterdrücken.

Hat man es mit einem Boden zu thun, auf welchem vorher schon Bäume gestanden und der deßhalb ausgesogen oder welcher zur Erziehung von Bäumen noch zu roh ist, so wird man denselben zur Aufnahme der Wildlinge bereit machen können und auch die schönsten und nachhaltigsten Resultate erzielen, wenn man außer dem Rigolen des Bodens noch eine Zufuhr von Compost vornimmt.

Ehe man zur Verpflanzung schreitet, sorge man für eine geeignete Einfriedigung der Baumschule gegen Wildfraß.

Im Allgemeinen empfiehlt sich als praktisch ein Lattenzaun von Tannenstengeln in Höhe von 1½ m, dessen einzelne Theile aus 2 m langen versetzbaren Fächern bestehen. Die obern und untern Schnittflächen der Tannenstengel werden getheert, um dem Zaune größere Dauer zu verleihen und die Hasen ꝛc. besser abhalten zu können.

Auf der Nordwest-, Nord- und Nordostseite des Platzes verdienen Bretterplanken oder 2—3 m hohe Mauern den Vorzug, weil solche Schutz gegen Sturm und kalte Winde bieten und zugleich Gelegenheit geben,

Spalier-Pfirsich, Aprikosen und Birnen mit großen Vortheilen zu ziehen, weil deren Früchte auf den Märkten der Großstädte zu ziemlich hohen Preisen gekauft werden.

Hecken sind insofern unzweckmäßig, weil die untersten Aeste in der Regel absterben und dadurch Lücken entstehen, auch erfordert es eine Reihe von Jahren, ehe eine Hecke nur einigermaßen Schutz bietet.

Für einen größeren Baumhandel würde 1 Hectar, für kleinere ½ Hectar zur Anlegung einer Baumschule vollständig ausreichen. — Die Eintheilung geschieht in zwei oder vier gleich großen Quartieren, wovon in jedem Jahre ein Theil mit Wildlingen besetzt wird.

Obgleich zwar eine 6jährige Erziehungszeit angenommen wird, so ist es dennoch von großem Vortheile, das zur Anzucht von Bäumen in Aussicht genommene Land durch starke Düngung und darauf betriebenen Gemüsebau zu verbessern und richtet man demnach 10 Quartiere ein.

Natürlich müssen sich diese Quartiere nach der Größe der Gesammtfläche richten und durch 1 m breite Wege getrennt sein, die am zweckmäßigsten bei abschüssigen Lagen und schwerem Boden mit englischem Raygras (Lolium pereum) oder mit Ackerklee (Trifolium arvense) besäet werden. Bei gutem und trockenem Boden ist es das Beste, die Wege mit Kies zu bestreuen.

In der Mitte und quer durch lege man Hauptwege von 3—4 m Breite zum Befahren an, um die Anfuhr von Dünger nicht zu erschweren. — Diesen Hauptweg entlang ziehen sich 2 m breite Rabatten, auf welche Stand- oder Mutterbäume gepflanzt sind, welche die für die Baumschulen so nothwendigen Veredelungsreiser abzugeben haben, zwischen dieselben lassen sich auch wohl

Beerensträucher, wie Stachel=, Johannis= und Erdbeeren pflanzen.

Außerdem bringt man an der Umzäunung noch eine 1,30 m breite Rabatte an, die gleichfalls für Mutter= oder Stambäume und zu Gemüse und Beerenobst benutzt wird.

Jeder Weg ist am besten mit einem Buchstaben und jedes Quartier mit einer Nummer zu versehen, dann auf einem Plane einzuzeichnen und in das Register der Baumschule mit der darauf stehenden Obstsorte zu buchen.

Stehen in einer Baumschule verschiedene Höhenlagen und Bodenarten zur Verfügung, so kann man in die höheren Lagen mit trockenem wilden Boden die Birnenquartiere, in die höchsten der Luft und der Sonne noch mehr ausgesetzten Lagen aber die Kirschen, in die niedrigen Theile mit dem besten und fruchtbarsten Boden Pfirsich, Aprikosen und Pflaumen, besonders wenn das Lager feucht ist, und schließlich die Aepfelquartiere in die schattigste und fruchtbarste Lage bringen.

Auf eine Verbesserung des Bodens ist stets Bedacht zu nehmen und leichter und trockener Boden durch Stallmist, vegetabilischen Dünger (Compost), Streu ꝛc. für die Zwecke der Baumschule brauchbarer zu machen.

Die Wege müssen auf solchem Boden höher gelegt werden als die Beete, damit das darauf fallende Regenwasser sich nach allen Richtungen hin verbreiten kann; auch ist es gut, durch öfteres Auflockern des trockenen Bodens den feuchten Niederschlägen Gelegenheit zu geben, in den Boden einzudringen.

Nasser Boden ist zu drainiren, die Wege tiefer zu legen als die Beete und durch Ausfüllen mit Steinen

durchlassend zu machen. — Tiefes Umgraben und ver=
mehrtes Behacken bei warmer Witterung bessert viel.
Bei compactem und festem Boden, Lehm und
Thon, ist eine tiefe Bearbeitung, öfteres Behacken zu
jeder Jahreszeit und die Anwendung von Stalldünger,
auch Steinkohlenasche und Sand, zu empfehlen.

4. Saatschule.

Zur Saatschule wähle man dasjenige Quartier,
welches eine freie, offene Lage besitzt und dessen Boden
besonders humusreich, tiefgründig und 1 Jahr vorher
mit Gemüse im gedüngten, gut bearbeiteten Zustand
gewesen ist.

Die vorzüglichste Saatzeit für Stein = und Kern=
obst ist der Herbst. Die Kerne werden beiderseits, vom
Kern= wie vom Steinobst, mit dem Fleische (deßhalb,
weil die fleischige Umhüllung dazu beiträgt, daß die
Kerne durch die noch unbekannte Säure, welche ätzend
einwirkt, den Keimungsprozeß beschleunigt, so daß die
steinige Umhüllung beim Steinobst, z. B. Kirschen,
Pflaumen ꝛc., während die pergamentartige beim Kern=
obst, z. B. Aepfel, Birnen ꝛc., im Winter im Boden
aufplatzt) auf 1 m breite Beete und zwar beim Stein=
obst dünn, dagegen beim Kernobst möglichst dick in 8 cm
tiefe Furchen (welche vorher mit Knochenmehl bestreut
worden sind) gesäet und festgetreten, mit etwas Fluß=
sand bestreut, darauf mit lockerer Composterde flach
bedeckt, den übrigen hohen Raum der Furche bis zum
Niveau der Erdfläche mit Lohe oder Nadelstreu aus=
gefüllt.

In Gegenden, wo die Mäuse und Krähen der Obstsaat
nachstellen und häufig bei nicht zweckmäßig getroffenen

Vorkehrungen ganze Saatbeete verheeren, kann man sich dagegen leicht schützen, und zwar dadurch, daß man als Unterlage unter den Saamen kleingeschnittene Zweige von Wachholder, der wilden Rose oder der wilden Stachelbeere oder Gerstenspreu streut.

Im zeitigen Frühjahr brechen die Keime der Sämlinge hervor (dabei entfernt man die Lohe oder Nadelstreu) und erreichen noch den darauf folgenden Sommer, nachdem sie pikirt worden sind, eine Höhe von 1 m und darüber in Bleistiftstärke, so daß sie schon nächstes Frühjahr fähig sind, in die Edelschule verschult zu werden.

Nimmt man die Aussaat im Frühjahr vor, wenn z. B. im Herbst kein passendes Land zur Saat frei gewesen oder sonstige Umstände eingetreten sind, so sorge man für eine gute Ueberwinterung des Saamens.

Man überwintert denselben am besten in Blumentöpfen oder Holzkästen, in welche der Saamen eingeschichtet wird, und zwar so, daß abwechselnd eine Schicht Sand und eine Schicht Saamen gebildet wird, bis das Gefäß bis zum Rand gefüllt ist.

Die Gefäße stellt man an einem frostfreien Ort und schützt sie vor Mäusefraß. — Vom Anfang März an wird dieser Sand mehr befeuchtet, und sobald der Keim durch die Saamenschaale dringt, nimmt man die Aussaat wie oben erwähnt vor.

Beim Steinobst ist es dann sehr zweckmäßig, die Kerne einige Wochen vor der Aussaat in Sand einzuschichten, da dadurch das Keimen sehr befördert wird.

Bei Trockenheit thut man gut, die Saatbeete mit Tannenreißig zu bedecken.

Die harte Erdkruste, die bei anhaltender Trockenheit entsteht, lockere man behutsam mit einer kleinen englischen breiten Hacke auf, und um das Bilden einer nochmaligen festen Decke, die das Hervorbrechen des Saamens erschwert, zu verhüten, ist es rathsam, das Beet mit Holzerde, Sägespähne oder Lohe zu überstreuen und dann zu begießen, nicht zu oft, aber stets tüchtig und ohne Brause.

Während des Sommers halte man die Saatbeete vom Unkraute rein.

Ist die Saat zu dick aufgegangen oder will man gleich in einem Jahre kräftige Pflanzen erhalten, so verpflanzt man die Sämlinge, sobald sie das dritte Herzblatt gebildet haben.

Man nennt dies Pikiren und stutzt dabei die Pfahlwurzel des Pflänzlings auf etwa 4—6 cm Länge ein.

Die pikirte Saat muß, um gedeihen zu können, feucht gehalten und bei anhaltendem Sonnenschein mindestens 8 Tage lang beschattet werden.

Die Saamenpflanzen des Steinobstes verpflanzt man nach einem Jahre aus der Saatschule in die Baumschule, sobald der Boden frostfrei und abgetrocknet ist, beschneidet aber nur die Wurzeln etwas und nicht den Stamm, da bei diesem die End- oder Terminalknospe den schönsten und geradesten Trieb bildet.

5. Vermehrungsmethode durch Stecklinge (Augen), Ableger — Wurzeltriebe.

Man bezeichnet mit dem Namen Steckling den Theil einer Mutterpflanze, welcher bei richtiger Behandlungsweise die Fähigkeit hat, genau eine solche Pflanze wieder zu werden, wie diejenige, von welcher er genommen ist. — Er bildet an seinem Ende Wurzeln und wächst dann weiter.

Am besten schneidet man das Holz zu Stecklingen für Unterlagen von Quitten, Paradies- und Doucin-Aepfel, Mirabellen, Pflaumen; bei den Obststräuchern von Stachel- und Johannisbeeren, welche sich auf diese Weise gut fortpflanzen lassen.

Die beste Zeit zum Schneiden der Stecklinge ist im Januar oder Februar. Im Allgemeinen wählt man für Stecklinge einjähriges Holz, das an seinem untern Theil etwas zweijähriges Holz hat.

Stecklinge werden mit einem scharfen Messer in einer Länge von 15—20 cm (Weinreben 15—30 cm) etwas schräg dicht unter einem gesunden, kräftigen Auge geschnitten.

Wenn die Witterung zur Zeit des Schnitts es nicht gestattet, die Stecklinge in die Beete zu bringen, so schlägt man dieselben einstweilen fertig geschnitten in nördlichen Lagen im Garten vollständig in Erde, reihenweise oder in Packeten gebunden, oder bewahrt sie in feuchtem Sand im Keller.

Ein besseres Verfahren besteht darin, daß man die Packete umgekehrt einschlägt, d. h. die Spitzen nach unten, und die Schnittflächen, an denen sich Wurzeln bilden sollen, nach oben, und bedecke sie alsdann mit einer ca. 10 cm hohen Erdschicht, so daß kein Theil der Luft ausgesetzt bleibt.

Es folgt daraus, daß die erste Saftbewegung nach aufwärts geschieht und so das Cambium (eine Schicht fortbildungsfähiger Zellen) an der nach oben gerichteten Schnittfläche angesammelt wird, welches sich verdichtet und so Callus bildet. Nach dieser Methode tritt, sobald die Stecklinge in Normallage an ihren bestimmten Platz gebracht werden, das Wachsthum unmittelbar ein und der Erfolg ist vollständig.

Weinstecklinge setzt man, ehe sie an ihren Bestimmungsort gebracht, 3 × 24 Stunden in Wasser, um erst Callus bilden zu lassen, dann steckt man sie so tief in Erde, daß das äußerste Auge noch 2½ cm mit Sand überdeckt ist.

Bei Stachel= und Johannisbeeren ist es vortheilhafter, wenn man die gut ausgereiften Sommertriebe entblättert und sie schon im Spätsommer zu Stecklingen schneidet und steckt.

Die Stecklingsbeete müssen etwas schattig, feucht und fruchtbar gelegen sein und, wenn möglich, lockern Boden haben.

Entspricht das dazu bestimmte Land weniger den erwähnten Eigenschaften, besonders hinsichtlich der Lockerheit, so untermische man den Boden tüchtig mit einem mehr grobkörnigen Fluß= oder Bodensand, oder man bestreue die ganzen Beete mit einer 3—4 cm hohen Sandschicht und setzt dann die Stecklinge in entsprechenden Reihen entweder in 15—20 cm tiefe Gräben etwas schräg ein, ziemlich dicht ca. 6—10 cm neben einander, oder man setzt die Stecklinge in so tiefe Löcher, daß nur das oberste Auge über dem Boden sichtbar ist.*)

Nach dem Stecken drückt man die Erde um den Steckling mit der Hand mäßig an und begießt schließlich sämmtliche Stecklingsbeete tüchtig mit der Brausekanne.

Ueber die weitere Behandlung, Abwartung und Erziehung gilt das über Saatbeete gesagte.

Durch Augen= oder Knospenstecklinge erhält man

---

*) Bei dem Einstecken der Stecklinge sei man vorsichtig, daß der Bast an dem untern Schnittende nicht beschädigt wird, da dadurch besonders das Anwachsen gestört wird, namentlich bei Quitten.

die kräftigsten Weinstöcke. Man theilt die Reben in Stücke von 3 cm Länge, deren jedes in der Mitte mit einem Auge versehen sein muß.

Diese spaltet man mit einem scharfen Messer mitten durch das Mark und läßt diese Holzstückchen 24 Stunden in Wasser liegen. Den Theil mit dem Auge legt man horizontal, das Auge mit der Erde gleich, in einem mit lockerer Erde gefüllten 3—5 Augen fassenden Topf, stellt denselben entweder in ein Warmhaus oder Treibkasten und bald wird das Auge treiben.

Einige Male in größere Töpfe verpflanzt, später auf lockern Boden in's Freie gebracht, erhält man schon nach 1 Jahre hübsche Pflanzen mit kräftigem Wurzelvermögen.

Um das Ablegen oder Absenken rationell betreiben zu können, lege man Senkbeete von 1—1,30 m Breite an, auf deren Mitte in 2 m Entfernung die Mutterpflanzen oder Stöcke von der dazu geeigneten Gattung angepflanzt werden, um durch Niederlegen der Zweige junge Vermehrung zu erreichen.

Zum Ablegen oder Absenken eignet sich vorzüglich die Quitte, Paradies- und Johannisapfel (für Zwergunterlagen), Haselnüsse, Johannis- und Stachelbeeren, Weinreben, Feigen.

Das Absenken kann man das ganze Jahr hindurch vornehmen und geschieht, indem man vorjährige Zweige zur Erde niederlegt und sie in Gruben von mindestens 30—40 cm Tiefe in die Erde bringt, die mit etwas Composterde untermischt ist.

Man legt diese Gruben möglichst nahe an den Wurzelstock heran und biegt die Spitze des gesenkten Zweiges möglichst gerade wieder auf, so daß sie senkrecht zu stehen kommt. Zum Festhalten dieser Zweige wird man oft Haken benutzen müssen.

Damit sich bestimmt Wurzeln bilden können, hilft man durch Drehung der Zweige nach oder man macht ringförmige Einschnitte durch die Mitte derselben.

Den über der Erde stehenden Theil schneidet man bis auf 2 Augen zurück.

Alle Mutterstöcke werden in die Erde gesenkt und alle Zweige dicht am Boden abgeschnitten, um die neuhervortreibenden starken jungen Schößlinge zu Ablegern zu benutzen.

Bei Ablegern kann man auch das mehrfache Ablegen anwenden, so daß man dieselben Zweige oft bis 6 Mal niederlegt.

Nach vollständiger Bewurzelung, gewöhnlich nach einem Jahre, werden im Herbst oder Frühjahr die umgelegten Stöcke behutsam umgegraben und die Ableger, welche gut bewurzelt sind, von der Mutterpflanze getrennt, ausgehoben, beschnitten und auf Pikirbeete verpflanzt, wo sie der bessern Wurzelbildung wegen bleiben, bis sie die Stärke erreicht haben, um in die Edelschule verpflanzt werden zu können.

Diejenigen Ableger, welche noch zu wenig Wurzeln gebildet haben, werden noch ein Jahr an den Stöcken gelassen und auf die Erdoberfläche, überhaupt auf alle abgelegten Stellen, verrotteter Mist gestreut.

Vermehrungsmethode durch Anhäufeln mit Erde geschieht, wenn man die zum Ablegen bestimmten Sträucher von Quitten, Paradiesstamm, Doucin-Aepfel, St. Julien- und Ager-Pflaumen an der Erde abschneidet, so daß sie Schößlinge treiben, welche man im Sommer, wo sie sich noch im krautartigen Zustande

befinden, mit Erde anhäufelt, um sie zum Wurzel=
treiben zu bewegen.

Haben sie schon im ersten Jahre Wurzeln gebildet,
so wird die angehäufelte Erde entfernt und die stark=
bewurzelten Pflanzen mit dem Messer abgeschnitten.
Sind die Wurzeln noch zu klein oder unzureichend, so
läßt man sie noch am Mutterstock, stutzt die Spitzen ab
und bedeckt sie wieder mit lockerer Erde.

Im ersten Jahre läßt man bei der Quitte die
Zweige frei aus dem abgeschnittenen Stocke treiben, ent=
fernt im nächsten Frühjahr die zu schwachen Schößlinge,
stutzt die übrigen, um sie kräftiger zu machen, ein und
treibt dadurch den Saft gegen die Basis.

Zum Schutz häufelt man sie an und bekommt so
im Herbst desselben Jahres bewurzelte Pflanzen.

Für Feuchtigkeit des Bodens ist bei allen Vermeh=
rungsmethoden Sorge zu tragen und kann man dieselbe
durch Ueberstreuung des Bodens mit kurzem, verrotteten
Mist zurückhalten, auch Lohe thut in dieser Beziehung
gute Dienste.

Sehr häufig erwachsen aus den Wurzeln von
alten Kirschbäumen, Haus= und Haferpflaumenbäumen
2c. recht kräftige Schößlinge, die man im Herbst behutsam
ausrodet, in Erde einschlägt und sie, wenn sie die
Stärke eines Bleistiftes haben, im Frühjahr in die Edel=
schule pflanzt, nachdem man vorher nur die Seiten=
zweige auf 2—3 Augen und die Wurzel etwas zurück=
schneidet.

Haben die Schößlinge dagegen die erforderliche
Stärke noch nicht, so bringt man sie auf Pikirbeete und
läßt sie noch ein Jahr weiter wachsen.

Endlich lassen sich aber auch Sämlinge, welche
unter wilden Kirsch= und Pflaumenbäumen, wie man

sie in unsern Wäldern vielfach trifft, aufgegangen sind, für die Baumschule verwenden.

6. Pikiren und Edelschule.

Im Allgemeinen wählt man für das Pikiren keinen zu kräftigen Boden, weil sonst die Bäume bei der zweiten Versetzung in die Edelschule sich nicht gehörig entwickeln.

Für Birnenwildlinge empfiehlt sich ein besserer Boden als für Aepfelwildlinge.

Beim Pflanzen achte man darauf, daß man die kleineren und größeren Wildlinge nach ihrer Stärke getrennt allein pflanzt.

Alle im Frühjahr zu pflanzenden Wildlinge werden im Herbst möglichst spät ausgehoben und in Gruben oder leere Mistbeetkasten eingeschlagen.

Die Rabatten zur Aufnahme der zu pikirenden Pfleglinge werden 90 cm breit gemacht und auf Reihen in 10 cm Entfernung von einander mit einem Setzholze gesetzt.

Die Wurzeln stutze man zum Zwecke der bessern Bewurzelung ein und schneide den Stamm bei Aepfel und Birnen 6—8 cm Länge über dem untersten Auge zurück, um das gehörige Gleichgewicht zwischen Auf= und Niederwuchs zu erhalten, damit sich gesunde und kräftige Triebe entwickeln können.

Das Pflanzen der Pikirpflanzen in die Edelschule geschieht am besten im Frühjahre.

Obstbaum= oder Edelschule nennt man im engern Sinne den Ort, wo die Obstbäume als Hochstammform, noch ehe man sie an ihrem eigentlichen Bestimmungsort pflanzt, aufgezogen werden.

Die Lage der Edelschule muß frei und offen, nicht

ganz verschlossen und nicht zu steil sein, weil sonst bei starkem Regen die Wurzeln von der Erde leicht entblößt werden.

Das Einschulen der Wildlinge geschieht im Frühjahr, sobald keine starken Fröste mehr zu befürchten sind und der etwas erwärmte Boden eine Bearbeitung gestattet.

Man pflegt die Wildlinge entweder gleichmäßig in Reihen 75 cm von einander, oder indem man beetweise pflanzt, wobei in zwischen je zwei Reihen ein größerer Zwischenraum von etwa 83 cm bleibt.

Die Entfernung der Wildlinge in den Reihen beträgt für Aepfel und Birnen 45 cm, für Kirschen und Pflaumen 40 cm.

Des besseren Luftzugs halber, der die Gesundheit der Bäume fördert, wird man die Pflänzlinge in der Reihe gegenüberstehend pflanzen.

Das Pflanzen geschieht nach der Pflanzlatte, welche die Breite des Quartiers hat.

Nachdem man zuvor die Entfernungen der einzelnen Reihen abgemessen und durch Pflöckchen markirt hat, sticht man nach innen des Quartiers, dicht an der Pflanzlatte, mit dem Spaten einen 30 cm tiefen Graben der Reihe entlang aus und schüttet den Oberboden nach Außen.

Die Pflanzenweite bezeichnet man gleichzeitig mittelst Nägel auf der Latte oder durch schwarze eingebrannte Holzschnitte oder Striche.

Wie bereits erwähnt, werden die Wurzelspitzen etwas beschnitten, bei den Aepfeln und Birnen 8—12 cm unter dem untersten Auge.

Bei Steinobst, insbesondere bei den Kirschen, wird von einer Beschneidung des Triebes gänzlich abgesehen, weil hier aus der Terminalknospe stets der kräftigste Trieb entsteht, und nur diejenigen Kirschen, welche in den nächsten 2 Jahren keinen kräftigen Trieb bilden, werden ein paar Augen über der Erde weggenommen. — Sie erzeugen dann einen kräftigen Trieb.

Nachdem nun die Pflanzen vorbereitet, werden sie in bestimmter Entfernung der Latte entlang gerade in den Graben gesetzt und zwar so, daß die erste Erde, wenn irgend möglich Composterde, mit der Hand zwischen die Wurzeln geschüttet wird.

Ist der Graben damit bis zur Hälfte gefüllt, dann wird ein tüchtiges Anschlämmen, besonders bei trockener Witterung und leichtem Boden, ein sicheres Anwachsen der Pflänzlinge zur Folge haben, weil, wenn der Graben nach Verlauf eines halben Jahres zugeworfen wird, die Feuchtigkeit in der Tiefe sich bei anhaltender Trockenheit lange Zeit erhält.

Im ersten Jahre hat man bei den angepflanzten Wildlingen weiter nichts zu thun, als die Quartiere von Unkraut rein zu erhalten und öfters tüchtig zu lockern, namentlich bei anhaltend trockener Witterung ist dies von großer Wichtigkeit, weil die Feuchtigkeit der Luft besser eindringen und die Kohlensäure leichter zu den Wurzeln gelangen kann und dadurch den Bäumchen ein reiches, kräftiges Wurzelvermögen und Blätterreichthum verschafft wird.

Das Verhältniß der Anzucht der Obstarten unter einander ist nach den örtlichen Verhältnissen zu erörtern; im Allgemeinen $\frac{2}{3}$ Kern- und $\frac{1}{3}$ Steinobst (vom Kernobst $\frac{2}{3}$ Aepfel und $\frac{1}{3}$ Birnen).

Ist der Ort in einer hohen, rauhen, kalten Gegend mehr nördlich gelegen, so kann man sich nur auf harte, dauerhafte Obstsorten beschränken, feinere Sorten lassen sich hingegen in solchen Gegenden sehr leicht und mit gutem Erfolge an Mauern und Planken als Spalierbäume erziehen, besonders Pfirsich und Birne, die man natürlich mit Ueberdachungsvorrichtungen gegen Frostschäden versehen muß.

Der Ertrag ist nach 8—10 Jahren oftmals ein sehr hoher, der die darauf verwendeten Anlagekosten doppelt und dreifach bezahlt.

Zweiter Abschnitt.
Empfehlenswerthe Veredelungsarten bei Obstbäumen.

Unter Veredelung von Obstbäumen versteht man die Verbindung eines Reises oder eines Auges einer Obstsorte mit einer passenden Unterlage (Wildling) zum Zwecke einer bestimmten Obstsorte.

Der Wildling wird die neue Mutterpflanze des Pfropfreises, die Ernährerin desselben, er ist es, welcher die Nahrung aus dem Boden aufnimmt und dem Pfropfreise zuführt, ohne sich deßhalb mit letzterem zu identificiren.

Die besten Veredelungsarten für unsere Obstbäume in der Baumschule sind und bleiben das Oculiren, Copuliren und Keilpfropfen oder Pfropfen mit dem Gaisfuße. Letztere Veredelungsart ist insbesondere bei 1—2 jährigen Wildlingen anzuwenden.

1. Oculiren.

Das Oculiren wird im August zuerst bei Pflaumen, Pfirsichen, Aprikosen und Birnen, zuletzt bei Aepfeln vorgenommen und geschieht dadurch, daß man dicht über dem Boden des Wildlings an einer platten Stelle bis auf die Holzschicht einen senkrechten Längsschnitt, 2—3 cm lang, und einen Querschnitt in Gestalt eines lateinischen **T** macht.

Das von einem gutausgebildeten Holzzweige schildförmig ausgehobene Auge wird dann mit Hilfe des Oculirmessers unter die beiden, vorher ein wenig gelüfteten Rindenflügel genau so eingefügt, daß die obere Schnittfläche des Schildchens dicht an den Horizontaleinschnitt des Wildlings ansteht.

Hierauf werden die Rindenflügel sanft an das eingesetzte Auge angedrückt und mit Wollfäden oder Bast fest überwunden, so daß die Knospen frei bleiben.

Das Oculiren ist an heißen Tagen Morgens und Abends vorzunehmen, jedoch nur an solchen Obstbäumen, wo sich die Rinde leicht lösen läßt und saftig genug ist.

Sobald das Auge nach ungefähr 14 Tagen angewachsen ist, muß der Verband gelöst werden, damit derselbe nicht in die Rinde einschneidet oder einwächst.

Dasselbe gilt nicht nur bei dem Oculiren, sondern auch bei allen übrigen Veredelungsarten.

Wildlinge, die auf Sandboden stehen, lösen gewöhnlich schlecht, ein öfteres Begießen ungefähr 8 Tage vor der Veredelung hilft diesem Uebel vollkommen ab.

2. Copuliren.

Das Copuliren ist nächst dem Oculiren die beste Veredelungsmethode in der Baumschule und wird häufig für diejenigen Wildlinge benutzt, welche bei der Oculation die Veredelung nicht angenommen haben.

Die Veredelung gelingt nur dann tadellos, wenn Edelreis und Wildling von gleicher Stärke sind; ist dies nicht der Fall, so daß der letztere stärker ist als das Edelreis, so wird nur an der einen Seite desselben ein schwächerer Schnitt (Copulirschnitt) gemacht und das Reis, wie beim Copuliren, an der Seite angesetzt.

Man nennt diese Methode Anschäften, Anplatten oder Copuliren mit dem Klebreis. — Der Verband ist derselbe wie beim Oculiren.

Das Verfahren des Copulirens ist folgendes:

Am Edelreis und an der Unterlage werden 20—22 mm lange Schnitte gemacht, und zwar so, daß die Länge des Schnittes am Reise den des Wildlings bedeckt.

Vortheilhaft für das Anwachsen ist, wenn man den Wildling derartig schneidet, daß gegenüber der Stelle, wo das Edelreis angesetzt werden soll, gerade ein Auge sitzt, weil dasselbe treibt, Säfte anzieht und dadurch wesentlich zur Erhaltung des Reises beiträgt.

Hat dann der wilde Trieb, der aus dem Auge treibt, 8 cm erreicht, so wird er eingestutzt oder pencirt und später im Sommer ganz entfernt.

Das Copuliren wird besonders im Frühjahre bei Kirschen in Hochstammform, bei Aepfeln und Birnen einen Centimeter über dem Boden des Wildlings mit bestem Erfolge ausgeführt.

3. Das Pfropfen in den halben Spalt

wendet man nur beim sogenannten Umpfropfen älterer tragbarer Bäume an, indem die dicken Aeste und Zweige veredelt werden und zwar so, daß man die Unterlage mit einem scharfen Messer glatt horizontal schneidet und ziemlich bis an das Mark einen senkrechten circa 2—3 cm langen Schnitt macht. Das mit 3—4 Augen versehene Edelreis wird keilförmig zu beiden Seiten zuge=

schnitten und wird vermittelst des Spaltpfropfeisens so in den Längsschnitt eingeschoben, daß wenigstens auf einer Seite die Rinde des Edelreises genau an der Unterlage anzuliegen kommt. Der größte Flächenraum der Unterlage neben dem eingesetzten Edelreis wird des leichteren Ueberwachsens wegen etwas schräg weggenommen. Die Veredelung wird fest mit Bast verbunden und wird wie die freiliegende Platte sorgfältig mit Baumwachs bestrichen.

4. Das Pfropfen mit dem Gaisfuß

oder Keilschnitt ist eine Pfropfmethode, vermittelst welcher man auch schwächere Reiser, die man zum Copuliren nicht hätte verwenden können, benutzen kann, ohne dabei kranke Stämme zu erziehen.

Der Wildling wird dabei ebenso abgeglättet wie beim Spaltpfropfen, man spaltet ihn jedoch nicht wie bei diesem Verfahren in der Mitte, sondern es wird aus einer Seite ein keilförmiges Stück Holz herausgeschnitten und schneidet man nach diesem Ausschnitt das Edelreis genau passend.

Man bewirkt dies am besten dadurch, daß man einem Auge gegenüber ansetzt, einen Copulirschnitt macht, dann das Messer seitwärts desselben Auges ansetzt und rechtwinklig auf diesen Copulirschnitt einen zweiten schneidet.

So erhält man am leichtesten den gleichförmigen Schnitt des Edelreises, das Auge kommt nun nach vorn in die Mitte des keilförmigen Ausschnittes des Wildlings zu stehen.

Der Verband findet in gleicher Weise wie bei der Copulation statt.

Verbessern kann man diese Veredelungsweise noch

dadurch, daß man den dem Ausschnitt entgegengesetzten Theil des Wildlings etwas höher läßt als den Theil des Ausschnitts, da auf diese Weise eine Ueberwallung der Wunde bewerkstelligt werden kann.

Keilpfropfen wendet man nur bei Aepfeln, Birnen, überhaupt nur bei Kernobst an.

Als Unterlagen zur Erziehung von Hochstämmen nehme man für Aepfel starktriebige Aepfelwildlinge, für Birnen Mispel, Quitte und Birnwildlinge, für Süßkirschen und Weichsel die süße Waldkirsche (Kritschel), sogar die Vogelkirsche, für Pflaumen, Zwetschen und Aprikosen entweder die gleichartigen wilden Pflanzen oder auch die Kirschpflaume (prunus cerasifera), die französische St. Julien; für Pfirsich und Mandeln in gewöhnlicher Lage gleichfalls St. Julien, für erstere auch Schlehdorn (prunus spinosa), in warmen Lagen Mandeln.

5. Nachtheile einiger gebräuchlicher Veredelungsarten.

Es sind dies das Pfropfen in den ganzen Spalt und in die Rinde.

Diese beiden Arten sind nach meinen Beobachtungen aus folgenden Gründen nicht zu empfehlen:

Beim Pfropfen in den ganzen Spalt wird, indem der Holzkörper gespalten und das schwache, keilförmig zugespitzte Edelreis in dasselbe eingeschoben wird, ein Anwachsen resp. Verwachsen mit Hilfe der Cambiumschicht (eine Schicht von neubildungsfähigen Zellen) geschaffen. Das schwache Edelreis wird nach einigen Jahren bald die Stärke der Unterlage oder des Astes erreicht haben und gut verwachsen sein, ohne daß der Obstzüchter vielleicht trotz des guten Aussehens der

Edeläste und ihres mehr oder minder üppigen Gedeihens es kaum ahnt, daß ein Vertrocknen der Spaltwunden der Holzzellen in Folge der Zerstörung des Kernholzes und Markes immer mehr und mehr um sich greift, so daß bei großen Stürmen namentlich mit einem solchen Schaden behafteten Bäume an den Veredelungsstellen sehr leicht umbrechen.

Das Propfen in die Rinde hat gleichfalls große Nachtheile, da sehr häufig die unveredelte Fläche vollständig eintrocknet und dadurch schon der Keim zu Krankheiten in den ersten Jahren nach der Veredelung gelegt ist.

6. Bereitung von Baumwachs.

Zum Bestreichen der Wunden bei der Veredelung, sowie zum Ueberstreichen von größeren Schnittwunden 2c. bedient man sich des Baumwachses; man unterscheidet warm- und kaltflüssiges. Ersteres besteht aus 2 Theilen Pech und 1 Theil Wachs, oder aus Hammeltalg, Wachs und Harz (gewöhnliches Fichtenharz), welches man zuerst schmilzt, Terpentin wird für sich geschmolzen und der flüssigen ersten Masse zugesetzt. Nach dem vollständigen Mischen gießt man die flüssige Masse in eine Schüssel mit Wasser. Dieses Baumwachs muß zum Gebrauch durch Erwärmen erst flüssig gemacht werden und ist besonders darauf zu achten, daß dasselbe nicht gleich im heißen Zustand auf die Wundstellen aufgetragen wird, indem sonst die Zellen vertrocknen. Der Sicherheit halber thut man hierbei gut, wenn man vorher mit dem Rührzeug in die flüssige Masse taucht und tupft damit dann rasch auf die Oberfläche der Hand; verursacht es ein Brennen, so ist es auch noch auf die Wundstellen zu heiß und suche man durch einige Mal Umrühren die heiße Masse etwas abzukühlen.

Ein sehr billiges, praktisches, kaltflüssiges Baumwachs ist folgendes: Man läßt ¼ Kilo Wachs langsam über Kohlenfeuer flüssig werden und mischt dann 25—30 Gramm Weingeist, resp. Alkohol, dazu, dem man noch 15 Gramm Talg zusetzen kann.

Ferner ist als zweites vorzügliches Baumwachs folgendes zu empfehlen: Man nimmt ½ Kilo gewöhnliches Fichtenharz, läßt es in einem Topfe auf gelindem Feuer schmelzen, nachdem die Masse etwas abgekühlt ist, gießt man einen tüchtigen Eßlöffel voll Leinöl und etwa 150 Gramm Alkohol hinzu, rührt vermittelst eines hölzernen Spatens die flüssige Masse mehrmals durcheinander und gießt dieselbe bis zum Gebrauch in blecherne Büchsen, in welchen das Baumwachs aufbewahrt wird, und wird dieses dann mit dem erwähnten Spaten ganz dünn auf die Wunde aufgetragen.

Dritter Abschnitt.
Erziehungsmethoden bei Obstbäumen.

1. Erziehung junger veredelter Obstbäume in der Baumschule.

Ist beim Oculiren im Sommer das Auge angewachsen, was man 10—12 Tage nach der Veredelung leicht erkennt, so muß man den Verband etwas lockerer binden, um ihn später ganz zu entfernen, weil sich sonst an dieser Stelle das Stämmchen nicht ausdehnen und die durch das Einschnüren beeinträchtigte Saftbewegung leicht ein Abbrechen des Edelreises zur Folge haben kann.

Die oculirten Stämmchen werden in dem ersten Jahre 3 cm über dem eingesetzten Auge abgestutzt und alle Knospen dieses Zapfens über dem Edelreis entfernt. Der Edeltrieb wird, sobald er 20—30 cm lang geworden ist, an diesem Zapfen mit einem ziemlich breiten Bastfaden angeheftet, um ihn nicht nur vor dem Abbrechen zu schützen, sondern um demselben auch eine gerade Richtung zu geben.

Dieser Zapfen, der die Stelle eines Pfahls vertritt, wird im Juli, nachdem der junge aus dem Edelreise hervorgewachsene Trieb genügend erstarkt ist, sorgfältig etwas schräg glatt weggeschnitten und mit kaltflüssigem Baumwachse verstrichen; er verheilt oft noch vor dem Winter. Alle die vielfach aus dem Wurzelholze der Unterlage hervortreibenden wilden Schößlinge sind nach und nach drei bis vier Mal während des Sommers sorgfältig zu entfernen, ebenso die wilden Triebe, die an dem oculirten Stämmchen neben dem alten Auge hervorbrechen.

Im zweiten Jahre schneidet man im Frühjahre abermals den Leittrieb auf Zapfen von $\frac{2}{3}-\frac{1}{4}$ seiner Länge zurück, muß aber dabei darauf achten, daß das oberste Auge senkrecht über der früheren Zapfenstelle steht, damit der Baum gerade fortwachsen kann. Alle am Stamme befindlichen Seitentriebe werden jedes Jahr bis auf 4—5 der obersten, auf 3—4 Augen im Februar, noch ehe die Saftcirculation eintritt, zurückgeschnitten; die dabei entstandenen Schnittwunden verheilen sehr gut noch vor dem Sommer.

Sämmtliche am Stamme austreibenden Seitentriebe läßt man den Sommer über frei wachsen. Auf diese Weise behandelte Stämmchen erhalten nach 4—5 Jahren einen schönen, geraden, kräftigen, conischen, gesunden Stamm, der einen Durchmesser von mindestens 5—6 cm am Wurzelhals erreicht.

Das Zurückschneiden auf Zapfen wird gewöhnlich bis zum 4. Jahre fortgesetzt, bis der Stamm die erforderliche Höhe von 1½—2 m Höhe erreicht hat, und schneidet man ihn dann im letzten Frühjahr auf Krone. Dies wird dadurch bewerkstelligt, daß man den Mitteltrieb auf 4—5 Augen und zwar unmittelbar über dem obersten Auge glatt wegschneidet und mit Baumwachs bestreicht.

Im Sommer läßt man dann die 5—6 obersten Seitentriebe, die im Februar auf 3—4 Augen zurückgeschnitten waren, welche mit zur Kronenbildung bestimmt sind, frei wachsen, und ist dann ein solcher Baum stark genug, um tadellos für den Verkauf geeignet zu sein, der selbst, auf seinen Bestimmungsort gepflanzt, keinen Pfahl als Stütze bedarf.

Diese Erziehungsmethode ist nur bei Aepfeln, Birnen und Pflaumen anzuwenden. Kirschen werden wild ohne Zurückschnitt als Hochstamm bis zur Kronenhöhe erzogen, dann copulirt und bildet sich in diesem Falle die Krone durch ein Copulirreis mit 3—4 Augen ohne jegliche weitere Hilfe.

Sind im Frühjahr die Edelreiser angewachsen und zum ersten Vegetationsabschluß gelangt, dann werden alle wilden Seitentriebe bei 40 cm Länge unmittelbar unter der Veredelungsstelle auf Astring weggeschnitten, desgleichen bei derselben von der Basis des Stammes gerechnet. Ebenso werden etwa nach 3 Wochen alle am Stamme verholzten Verstärkungstriebe auf Astring entfernt. Erwähnt sei noch, daß die copulirten oder in den halben Spalt gepfropften Edeltriebe nach Nordwest veredelt und bei starkem Winde, sobald sie 25—30 cm lang sind, an Pfählchen gebunden werden müssen, um ihr Abbrechen zu verhindern.

Bei sämmtlichen erwähnten Veredelungsarten außer dem Oculiren soll jedes Edelreis aus 3 Augen bestehen und zwar so, daß das obere Auge den Endtrieb bildet, das zweite der Schnittfläche zugekehrt und das dritte auf der Rückseite als Reserveauge sich befindet. Insofern das Reis auf der Schnittfläche durch irgend einen Zufall abbricht, treibt das Reserveauge aus und die Veredelung ist nicht verloren.

Die Erziehungsmethode der so gepfropften Edelbäumchen ist genau dieselbe, wie bei den durch Oculation veredelten.

2. Verpackung der Obstbäume bei weiterem Versandt.

Sind die zu verkaufenden Obstbäume aus der Baumschule genommen, so werden sie zu 10 Stück mit den Wurzeln zu einem Packet gut zusammengelegt, oben etwa 25 cm unter der Krone und unten etwa 15 cm über den Wurzeln mit gut gedrehten Weiden zusammengebunden; die Zwischenräume der Wurzeln werden vollständig mit feuchtem Moos ausgefüllt; nachdem dieses geschehen ist, legt man Strohseile auf den Erdboden in gleichmäßigen Entfernungen 3—4, darüber legt man quer ausgeschüttetes Stroh (etwas dicke Schicht), inmitten desselben legt man das Packet Bäume, wickelt das Stroh gleichmäßig um dasselbe und bindet es mit den Seilen fest. Der Wurzelballen wird extra mit einer Strohhülle umgeben, welche man erst am obern Ende (wo sich die Aehren befinden) mit einer Weide fest zusammenbindet, dann auf zwei Theile auseinander biegt, auf den Boden legt, so daß das Strohbündel die

Gestalt einer Sonne bekommt. Der am oberen Ende entstandene Kopf wird im Innern der Sonne breit getreten und das Packet genau auf die Mitte derselben gestellt, worauf man dann das übrige Stroh gleichmäßig um den Wurzelballen zusammennimmt und mit einem Strohseil kreuzweise um den Wurzelballen befestigt.

3. Aufbewahrung der Edelreiser.

Edelreiser, welche man zur Frühjahrsveredelung zu benutzen gedenkt, werden von gesunden Bäumen, nämlich einjährige Zweige mit kräftigen gut ausgebildeten Augen, geschnitten und zwar wenn die Saftbewegung zu Ende ist. Sicherer ist es, den Schnitt der Reiser schon Anfang Dezember auszuführen, da oft dieser Monat durch zu strenge Kälte die Reiser zur Veredelung untauglich gemacht hat. Man verwendet sehr oft die beim Schnitt in der Baumschule gewonnenen Reiser, oder es werden die zu Stand= und Pyramidenbäumen gepflanzten dazu benutzt und dabei noch besonders auf die Aechtheit der Sorten Sorgfalt gelegt; indem man die Reiser in Bündel zusammenbindet und jedes Bündel mit dem Namen der Sorte mit Etiquett richtig bezeichnet. Beim guten Conserviren zum sichern Anwachsen der Edelreiser halte man darauf, daß die frisch abgeschnittenen mit ihren Abschnitten gegen die Sonne gerichtet, einige Tage abtrocknen, worauf dieselben in einem trocknen Keller flach in den Sand gesteckt werden. Ist etwa der Keller dumpfig, so sorge man dafür, daß öfters gelüftet wird, weil sonst im entgegengesetzten Falle die Augen durch Anschimmeln leiden. Gegen das Frühjahr zu trage man keine Besorgniß, wenn auch die Edelreiser etwas eingeschrumpft sind; es ist stets besser, sie sind welk als vollsaftig. Will man sie frisch haben, legt man sie vor dem Gebrauch einige Stunden in's Wasser oder in feuchte Erde.

Versendet man Edelreiser weit, so thut man gut, dieselben in Kartoffeln, Rettige, Rüben ꝛc. zu stecken, mit feuchtem Moos zu belegen und mit einer Strohhülle zu umgeben.

4. Aufzählung der für die Obstbaumschule nothwendigen Geräthschaften.

1. Die Gartenhippe. Dieses Gartenmesser ist besonders sehr nöthig zum Baumschnitt.
2. Das Oculir= und Copulirmesser, jedes einzeln in seiner Art, hat seine Vortheile beim Veredeln.
3. Das Spaltpfropfeisen ist vorzüglich zu verwenden zum Spalten starker Unterlagen, sowie zum Auseinanderhalten des Spaltes.
4. Die Baumscheere.
5. Die Baumsäge.
6. Die Reutlinger Spalier= oder Quetschzange.

Vierter Abschnitt.
Die Obstbaumpflege.

1. Vorbereitungen beim Pflanzen des Obstbaumes.

Die beste Pflanzzeit ist im Herbst oder Frühjahr, je nach den klimatischen oder Bodenverhältnissen.

Die Herbstpflanzung sollte in guter Obstlage und trockenem Standort Mitte October, sobald der Laubfall stark beginnt, mehr angewendet werden, als dies bisher geschehen, da die vor Eintritt des Winters gepflanzten Bäume durch Bildung von neuen Faserwurzeln an den

Beschnittwunden bereits festgewachsen in den Winter gelangen und dem Baume bereits im Frühjahr neue Nahrung zuführen können. Besonders bei Steinobst (Pflaumen, Kirschen ꝛc.) und bei starkem Kalkboden ist diese Pflanzzeit zu empfehlen, da in trocknen Frühjahren bei diesen Sorten das Anwachsen unsicher ist.

Derartige Pflanzungen zeichnen sich in der Vegetationsperiode vor den im Frühjahre geschehenen durch eine kräftigere Entwickelung der Triebe und durch eine üppige, tiefgrüne Belaubung aus.

Bei kalten und rauhen Lagen, engen, feuchten Thälern, auf schwerem, nassem und kaltem Boden kann man die Frühjahrspflanzung vornehmen, sobald der Boden so weit abgetrocknet ist, daß die Erde zerfällt und sich leicht zwischen die Wurzeln bringen läßt, also je nach den Witterungsverhältnissen von Mitte März an.

Bei der Pflanzung ist besonders auf die Bereitung der betreffenden Pflanzlöcher die größte Sorgfalt anzuwenden und keine Mühe und Kosten zu scheuen, die durch reichere Erträge sicher belohnt werden.

Größere Rücksicht als bisher ist dabei auf den Untergrund zu nehmen, da von dessen Beschaffenheit die Dimensionen der herzustellenden Baumlöcher abhängig sind.

Ist der Boden gut, der Untergrund durchlassend, so sind die Löcher 2—3 Fuß ($\frac{2}{3}$—1 Meter) tief und 3—4 Fuß (1—1$\frac{1}{3}$ Meter) weit zu machen, indem man die abgestochenen Rasenstücke, den obern und untern Stich, also todte Bodenschicht gesondert hält.

Diese Vorarbeit sollte zur Herbstpflanzung mindestens 14 Tage vor der Pflanzung vorgenommen werden.

Bei der Frühjahrspflanzung ist es von größtem

Vortheil, die Baumlöcher schon im Herbst oder Anfang des Winters zu machen, damit sowohl die ausgeworfene Erde, als auch die Sohle des Baumloches, die natürlich aufgelockert werden muß, gehörig durchfrieren und der Frost die noch gebundenen organischen Stoffe der Erde lösen kann.

Hat man es mit lettigem, undurchlassendem Untergrund zu thun, oder ist das Terrain zeitweiligen Ueberschwemmungen ausgesetzt, oder kann das Grundwasser die Baumwurzeln leicht erreichen, so hat man größere Vorsicht bei Herstellung der Pflanzgruben zu beobachten.

Man muß in diesen Fällen entweder durch theilweise Verwendung lockernden Materials, z. B. Bauschutt, Steingerölle, Coaks, Schlacken, für bessern Abzug sorgen, oder durch Aufschütten eines Pflanzhügels die Wurzeln den schädlichen Einflüssen der Nässe zu entziehen suchen.

Die Herstellung solcher Hügel geschieht dadurch, daß man das Pflanzloch auf gewöhnliche Weise gräbt, durch Hinzufügung von Bauschutt etwas lockerer macht und darüber einen Hügel von ca. 70 cm Höhe und 1,10 m Durchmesser von ziemlich gleichartiger Erde aufsetzt, worauf dann die Pflanzung geschieht.

Eine recht praktische Hügelpflanzung für felsigen, steinigen Untergrund ist diejenige von Manteuffel angewendete, die vielfach benutzt wird und wodurch die Wurzeln gezwungen werden, eine mehr schräge als senkrechte Richtung anzunehmen.

In diesem Falle werden gar keine Pflanzlöcher gegraben, sondern man treibt auf der Stelle, wo ein Baum stehen soll, einen starken Pfahl recht fest und tief in die Erde, so daß der daran befestigte Baum durch den stärksten Wind nicht bewegt werden kann, und schneidet dann rücksichtslos alle in die Tiefe strebenden Wurzeln ab.

Der Baum wird nun passend an den Pfahl gestellt, die Wurzeln sorgfältig auseinander gebreitet, mit Compost oder anderer guter, etwas schwerer Erde wiederholt beschüttet und dann mit der Brause mehrere Male eingeschlämmt.

Nachdem der Baum an den Pfahl gebunden, werden recht große Rasenstücken mit der Grasseite nach außen als Rand rings um den Hügel gelegt. Der Rasen muß bei der Pflanzung gründlich und wiederholt durchnäßt werden, ein späteres Begießen der Rasenstücke oder des besäeten Hügelrandes ist nur ab und zu nothwendig, da die Feuchtigkeit durch sie lange festgehalten wird.

Zu den vorbereitenden Arbeiten gehört auch das Setzen der Baumpfähle (Tannen), welche glatt und so lang sein müssen, daß sie Kronenhöhe oben erreichen.

Um ihnen eine größere Dauerhaftigkeit zu geben, kohlt man den in die Erde kommenden Theil an oder bestreicht denselben mit Theer, der vor dem Eintauchen der Pfähle etwas erwärmt sein muß, weil sonst der Theer nicht in das Holz eindringen und das im Holze sitzende Wasser nicht verdunsten kann.

Ein Faulen im Innern des Holzes wird dadurch nicht hervorgebracht werden.

Gewöhnlich streicht man den Pfahl so weit an, daß die Theerschicht noch 30 cm über den Erdboden hinausragt und nicht mit demselben abschneidet, weil sonst die Fäulniß noch viel leichter eintritt.

Oder man stellt die Baumpfähle einige Tage mit dem untern Theile in eine Kalkauflösung und begießt sie nach dem Abtrocknen mit Schwefelsäure.

Das Setzen des Pfahles geschieht auf der Seite, von welcher die heftigen Winde zu kommen pflegen.

Bei der Pflanzung unterscheidet man zwei Arten, die beide als praktisch empfohlen werden können, nämlich die quadratische ∷ und die Dreieck- oder Verbandpflanzung ∴.

Die angepflanzten Obstbäume können nur bei richtiger Pflege gedeihen und reichen Nutzen bringen. Dazu gehört vor allen Dingen ein entsprechender Raum für ihre spätere Entwickelung; bei geringerem Boden mit flacher Ackerkrume gelten die kürzeren Distanzen, im Uebrigen sind als Norm folgende Entfernungen anzunehmen:

a. Aepfel, Birnen und Süßkirschen in Baumgärten, in welchen die Obstnutzung die Hauptsache bildet, 10—12 m, bei Pflanzung auf Aeckern doppelt so weit entfernt, auf ebener Landstraße, Chausseen 12 m, in engen Thälern 13 m.

b. Zwetschen, Pflaumen und Sauerkirschen bedürfen nur eines Abstandes von 6—8 m.

Die zu pflanzenden Bäume beziehe man stets nur aus reellen Baumschulen und nicht von herumziehenden Händlern, die keine Garantie für die Echtheit der Sorte sowohl, als auch für gutes Anwachsen zu geben vermögen.

Gewöhnlich ist derartige Waare schon lange der Erde entnommen, ohne eingeschlagen gewesen zu sein, so daß die feinen Faserwurzeln, die Hauptfactoren für gutes Anwachsen, vertrocknet sind, ehe sie wieder in den Boden kommen und entweder gar nicht oder doch nur sehr spärlich fortkommen.

Es ist beim Pflanzen möglichst auf starke Stämme zu sehen, und zwar solche mit kräftigen feinen Faserwurzeln zu berücksichtigen, da diese ein gutes Anwachsen sichern.

Die vorgebildete Krone sollte einen Haupt ast und 4—5 Nebenäste bilden, die Rinde muß glatt, ohne Ansatz von Moos und Flechten sein; bei den Süßkirschen sind die weißschaligen Unterlagen die dauerhaftesten gegen den Gummifluß.

Für Gebirgslagen oder solche, welche den Stürmen sehr ausgesetzt sind, empfehlen sich sogenannte Halbstämme mit 1,40 m Kronenhöhe, die sich zur Anpflanzung besser eignen als Hochstämme, weil sie den Stürmen mehr trotzen, die Früchte besser halten und sie vollkommener und besser zur Ausbildung bringen.

Haben Bäume während des Versandtes durch Frost gelitten, d. h. ist das zum Verpacken verwendete Material um die Stämme gefroren, so bringe man das Ballot in einen nicht geheizten, frostfreien Raum, bis das Aufthauen erfolgt und kann man sie dann ohne Nachtheil pflanzen.

Bäume, die auf dem Transport durch große Trockenheit gelitten haben, sind entweder flach in die Erde zu bringen und mit solcher zu überdecken oder an einen schattigen Ort in's Wasser zu stellen, bis die Rinde sich wieder glatt zeigt.

Von großem Vortheil bei der Pflanzung ist auch, wenn man Tags vorher die Wurzeln etwas schräg glatt anschneidet und zwar so, daß die Schnittflächen stets nach unten gerichtet sind, um beim Pflanzen flach auf die Erde zu stehen zu kommen.

So vorbereitet werden nun die Bäume über Nacht mit den Wurzeln in einen Brei von Lehm, Kuhmist, etwas mit Wasser verdünntes Rindsblut gestellt und vor der Pflanzung mit feiner Composterde bestreut.

Schneidet man die Krone vor dem Pflanzen, so hat dies im richtigen Verhältniß zu den Wurzeln zu geschehen, d. h. bei schlechter Wurzelbildung sind die Leitzweige (Krone) mehr als bei guter zurückzuschneiden. — Bei normaler Wurzelbildung wird der Mittelast bis auf 5—6 Augen, die Seitenäste bis auf 3—4 Augen eingekürzt. — Verkürzt man die Leitzweige noch mehr, so giebt dies Veranlassung zu üppiger Holzerzeugung, wodurch in den ersten Jahren die Fruchterzeugung gestört wird.

In neuester Zeit, namentlich bei Kernobst auf Kernwildlingen, schneidet man die Krone beim Pflanzen gar nicht, sondern man entfernt nur die schlechtgestellten, überflüssigen Nebenzweige und engstehenden Leittriebe bis auf den Astring.

Bei jungen Aepfel- und Birnbäumen in kräftigem Boden werden nur die schlechtgestellten und überflüssigen Aeste auf Astring entfernt, die Spitzen dagegen gar nicht, oder doch nur die nicht ausgereiften; in magerem Boden kann man bei Kern- und Steinobst mehr zurückschneiden.

Der normale Kronenschnitt würde im Allgemeinen erst im folgenden Jahre auszuführen sein, wodurch ein ungemein kräftiges Gedeihen aller sich bildenden Aeste bewirkt wird.

Da nächst den Wurzeln die Blätter die Ernährer der Zellsäfte des Baumes sind, so bedarf er ihrer vor dem vollständigen Anwurzeln sehr, weil die Wurzeln ihm noch nicht genügend Nahrung zuführen können.

Ehe man zur eigentlichen Pflanzung des Obstbaumes übergeht, ist es rathsam, sich von den Eigenschaften der einzelnen Obstsorten Kenntniß zu verschaffen.

Der Apfelbaum verlangt einen fruchtbaren, mäßig feuchten Boden ohne allzu kiesigen Untergrund. Die

Wurzeln desselben breiten sich mehr an der Erdoberfläche aus, als daß sie in die Tiefe dringen.

Der **Birnbaum** nimmt mit weniger günstigem Boden vorlieb, jedoch lieben edle großfrüchtige Sorten ein fruchtbaren, mehr feuchten, tiefgründigen Boden nnd Schutz gegen die heftigen West= und Südweststürme.

Der **Süßkirschbaum** verlangt einen durchaus trockenen Boden, besonders tiefgründigen, warmen Lehm= boden oder mit Mergel und Kalk vermischten Sand= boden, dem man bisweilen durch Düngung nachhelfen muß.

Die **Sauerkirsche** hingegen verlangt einen bessern Boden als wie die Süßkirsche, mit durchlassendem Unter= grund, liebt aber den gleichen Standort wie diese.

Die **Zwetschen** und **Pflaumen** können von allen Obstarten die meiste Feuchtigkeit vertragen, deshalb eignen sie sich zur Bepflanzung von Wiesen, von Bach= und Flußrändern; selbst ein feuchter, lettiger, milder Thonboden ist ihnen günstig.

2. Das Pflanzen der Obstbäume auf Feldern, an Wegen, Chausseen ꝛc.

Ehe mit dem Pflanzen des Obstbaumes begonnen wird, wird zunächst der Pfahl gerade in die Mitte der Pflanzgrube fest eingesetzt und wenn möglich mit einem starken Holzhammer (Schlägel) fest eingeschlagen. — Bei Obstplantagen (Obstmuttergärten), Chausseen, Feld= wegen ꝛc., die in der Regel geradlinig angelegt werden, ist es unbedingt nothwendig, daß die Pfähle genau ein= gesehen werden, worauf an die Wandung des Loches Rasenstücke, mit der Rasendecke nach unten, wodurch ein schnelleres Verrotten bewirkt wird, geworfen werden.

Nun mische man den Boden gut durch einander (den der unteren Bodenschicht mit solchem der oberen), und ersetze ganz todten Boden entweder durch bessern oder verwende ihn nur zur Bildung der Baumscheibe.

Diese Arbeit geschieht am leichtesten und schnellsten durch zwei Arbeiter.

Hat man dann den Baum an den Pfahl in die Grube gestellt, so wird wenn möglich Composterde zwischen die Wurzeln gefüttert, welche bei der Frühjahrspflanzung mittelst Wasser einzuschlämmen, bei der Herbstpflanzung dagegen mit der Fußspitze sanft anzutreten ist, denn nichts ist nachtheiliger, als wenn sich unter oder zwischen den Wurzeln hohle Stellen befinden.

Besonders ist darauf zu achten, daß nicht zu tief gepflanzt wird, da dadurch nur unfruchtbare und kranke Bäume hervorgebracht werden.

Das richtige Verhältniß ist, wenn nach der Pflanzung die Wurzelkrone mit der Erdoberfläche abschneidet, weil später der Boden sich setzt nnd dadurch das normale Maß sicher erzielt wird.

Da das Setzen des Bodens stets nach der Pflanzung eintritt, so ist auch vorläufig nur ein Nothverband anzulegen. Mit dem eigentlichen Anbinden wartet man einige Wochen und benutzt dazu als bestes Material ein gehörig langes Stück Gummiband, welches bequem um Baum und Pfahl herumgelegt und auf der Rückseite des Pfahls mit einigen Nägeln leicht angeheftet wird.

Je stärker der Baum wird, desto mehr wird sich das Band ausdehnen, ohne Reibung zu verursachen; auch präparirtes Leder dient zu diesem Zweck.

Auch eine stark gedrehte Weide mit Stroh umwickelt oder ein Strohband in Form einer liegenden ∞

um Baum und Pfahl gelegt, werden keine Reibung verursachen.

Bei jedem Baum sind wenigstens zwei, besser noch drei Bänder anzulegen, das oberste ungefähr 10 cm unter der Krone, das unterste 30 cm über dem Boden, und das dritte um die Mitte des Baumes.

Zuletzt wird dann die Baumscheibe in einem Umfang von 1—1,50 m um den Baum angelegt, bestehend aus einer nach dem Baume zu muldenförmig abfallenden Vertiefung, um dem Baume die größtmöglichste Feuchtigkeit zuführen zu können.

Zu Obstpflanzungen auf Feldern, sogenannten Obstmuttergärten, wählt man die gemischte Wirthschaft, d. h. Obst- und Feldbau zusammen.

Die Obstbäume kommen in diesem Falle in die Mitte von 2,75 m breiten Rasenstreifen und zwar möglichst erhöht zu stehen; die 2 m breiten Baumscheiben müssen noch 10—15 cm höher als der Rasen gelegt werden.

Dazwischen liegen nun die 15—20 m breiten Ackerstreifen, auf denen Gemüse, Hack-, Hülsen- und Halmfrüchte erbaut werden können und pflanzt man die Bäume in Reihen 10—15 m von einander entfernt an.

Wenn Drainage nöthig ist, so ist dieselbe in die Mitte des Ackerstreifens in eine Tiefe von 1—2 m zu legen.

Bei Straßen- oder Chausseeanpflanzung ist vor allen Dingen zu berücksichtigen, daß man nur gesunde Bäume pflanzt, die kräftig genug sind, um bald ohne Pfahl stehen zu können, und daß das Pflanzen vorschriftsmäßig vorgenommen wird, besonders nicht zu tief, wodurch bei Kirschen oft Gummifluß hervorgerufen wird.

Ferner pflanzt man wegen den Spätfrösten nur

spätblühende Sorten, deren Früchte fest an den Zweigen sitzen und nicht in die Augen fallen, sich gut halten und den Transport leicht vertragen. Man wähle hauptsächlich solche Bäume, die eine Höhe von 2,20—2,30 m haben und sehe besonders darauf, daß nicht zu viel Sorten angepflanzt werden.

3. Der Baumkronenschnitt in den ersten Jahren nach der Pflanzung.

Da, wie schon erwähnt, die Blätter nächst den Wurzeln die hauptsächlichsten Ernährer des Baumes sind, so besteht die Pflege der Krone darin, sie im Verhältniß zur Stärke des Stammes blätterreich zu machen und sie in diesem Zustand zu erhalten.

Um eine solche Krone erzielen zu können, sind fünf gut stehende Zweige nöthig, an welchen ein Rückschnitt der Leitzweige in den ersten 4—5 Jahren nach der Pflanzung unbedingt erforderlich ist, wodurch der Stamm gekräftigt und eine hochgehende, pyramidale Krone erzielt wird.

Bei Aepfel und Birnen gilt als Regel, daß man den Mitteltrieb oder Stammverlängerung auf ⅓ seiner Länge zurückschneidet und die übrigen Kronenzweige in den ersten zwei Jahren auf 4—6, in den nächstfolgenden Jahren aber auf 6—8 treibfähige Augen reducirt, je nach dem starken oder schwachen Wuchs der Sorte.

Der Zurückschnitt der Kronenzweige ist so auszuführen, daß das oberste Auge ein kräftiges, nach außen gerichtetes ist, um eine schöne ausgebreitete Krone zu erhalten, zu stark wachsende Seitentriebe werden ganz entfernt und auf Astring geschnitten.

Bei veredelten Kirschen gilt dagegen als Regel,

daß man den Mitteltrieb gar nicht schneidet, sondern nur die übrigen Kronenzweige in den ersten zwei Jahren auf 5—7 Augen zurückschneidet.

Erwähnt sei, daß man bei Zwetschen, Weichseln und Pflaumen auf das Zurückschneiden der Stammverlängerung weniger zu achten hat und nur das zu dicht stehende Fruchtholz auszuputzen ist. Ferner, daß beim Kernobst alle schwachen, kreuzweis in einander gewachsenen Seitentriebe in der Regel auf 2—3 Augen zurückgeschnitten werden.

Bei allen Obstarten ist es nöthig, darauf zu achten, daß das richtige Verhältniß zwischen Holztrieb und Fruchtholz erhalten wird.

Bei Bäumen, deren Bastschicht sehr zähe ist, so daß die Ausbildung des Stammes im Verhältniß zur Krone zurückbleibt, ist ein vorsichtiges Durchschneiden der Bastschicht (Schröpfen) nothwendig.

Diese Operation wird im Mai vorgenommen, am besten durch geradlinige oder gebogene Einschnitte auf der Nord- oder Westseite des Stammes, nur darf die untere Bastschicht oder gar der Splint nicht mit verletzt werden.

Das Schröpfen hat den Zweck, die Ausdehnung und Erstarkung des Stammes zu befördern und zu dessen gerader Bildung beizutragen. Beim Steinobst, namentlich bei Kirschen und Pflaumen, beugt diese Operation dem Ausbruche des Gummiflusses wesentlich vor.

Ist der Baum gepflanzt und alle zu seinem Wachsthume nöthigen Vorkehrungen getroffen, so ist die Pflege der Stammwurzeln und der Krone besonders in's Auge zu fassen.

Zur Pflege der Wurzeln gehört ein Auflockern der Baumscheiben wenigstens im Jahre ein Mal, weil dadurch der Sonne die Möglichkeit gegeben wird, dem Erdboden die für das Gedeihen des Baumes unumgänglich nöthige Wärme zu geben; ferner wird es dadurch den atmosphärischen Niederschlägen, Thau, Nebel, Regen, leicht gemacht, zu den für die Ernährung des Baumes so wichtigen Faserwurzeln zu gelangen.

Auch die Brut vieler schädlichen Insekten, die an diesen Orten durch die Mutterthiere abgelegt worden sind, werden im Keime zerstört und dadurch große Vortheile für das gesunde Gedeihen des Baumes erzielt.

Ist die Witterung sehr trocken, so muß nach acht Wochen die Lockerung des Bodens wiederholt stattfinden, weil in wenig gelockertem oder durch feste Kruste geschlossenem Boden die Verdunstung des Wassers eine viel raschere ist, als in gelockertem, der die nothwendige Feuchtigkeit in viel größerer Menge zurückhält.

Die Pflege des Stammes besteht in der Erhaltung einer glatten, frischen Rinde, die man zu diesem Zwecke im Herbst mit einer Mischung, bestehend aus: 12 Liter Graukalk, 2 Gießkannen Rindsblut, 2 Gießkannen Kuhjauche, ½ Gießkanne Latrin, streichfähig dick, überstreicht.

Der bessern Haltbarkeit wegen kann man noch etwas Lehm zusetzen.

Diese Mischung hat sich in Rötha schon seit Jahren gut bewährt und ist während der ganzen Winterszeit an dem Stamm haften geblieben.

Gleichzeitig ist dieser Anstrich ein Schutzmittel gegen den Hasenfraß sowohl, als auch gegen das Heraufsteigen des weiblichen Frostschmetterlings und die sich im Winter so häufig bildenden Frostplatten.

Ist der Baum durch Frost beschädigt, so wendet man das Schröpfen an, entfernt die getödtete Rinde baldmöglichst und wendet einen Anstrich von Lehm und Rindsblut an, wodurch das darunter liegende gesunde Holz zu einer Neubildung von Cambium veranlaßt und die Frostwunden mit neuer Rinde überkleidet werden.

Frostplatten entstehen dadurch, daß im Winter durch eintretende aber nicht anhaltende warme Witterung der Saft in den Stämmen gelockert wird, und weil er bei eintretender Kälte nicht schnell zurücktreten kann, friert und dadurch dem Stamme Schaden bringt.

Aus diesem Grunde ist es auch vortheilhaft, den Baumpfahl auf die Sonnenseite des Baumes zu setzen.

4. Ausputzen und Reinigen der Obstbäume.

Das Ausputzen und Reinigen kann schon im Herbst gegen Ende October vorgenommen werden, und zwar bei tragbaren Bäumen, bei denen nach 5—6 Jahren, wenn sie sonst kräftig und gesund sind, das Zurückschneiden der Aeste und Zweige nicht mehr nöthig ist.

Der Zweck des Ausputzens ist, eine die Gesundheit und Fruchtbarkeit der Bäume befördernde Beschaffenheit der Krone durch Entfernung alles hinderlichen Holzes zu erhalten.

Praktisch wird es dadurch ausgeführt, daß man alle sich kreuzenden oder zu dicht stehenden, sowie die in das Innere der Krone wachsenden Aeste entfernt, auch solche, die durch zu tiefes Herabhängen hinderlich sind oder in die Kronen anderer Bäume wachsen.

Ferner ist nothwendig, daß man alle trockenen Theile des Baumes entfernt und ihn von abgestorbener Rinde, sowie von Moos und Flechten, die Hauptschlupfwinkel schädlicher Insekten und Larven, reinigt.

Beim Abschneiden der Aeste lasse man keine Stumpfen stehen, sondern schneide stets unmittelbar über dem deutlich sichtbaren Astring oder da, wo der Ast mit dem Stamm verwachsen ist.

Um ein Abspalten zu verhindern, ist der starke Ast erst von der Seite anzusägen und zwar schräg gegen den Baum zu, worauf dann der Schnitt von oben erfolgt, so daß sich die Schnitte treffen.

Große Wundränder sind stets mit einem scharfen Messer glatt nachzuschneiden und nach dem Abtrocknen mit einer Mischung von 2 Theilen Lehm mit 3 Theilen Asche und 1 Theil Rindsdünger, eingerührt, zu bestreichen, damit das Innere des Baumes vor den schädlichen äußeren Witterungsverhältnissen abgeschlossen und der Stammfäule der Eintritt verwehrt wird.

Die beste Zeit zur Vornahme dieser Arbeit ist nach der Obsternte, wie schon erwähnt, von Ende October an bis zum frühesten Frühjahr, bevor der Saft eintritt, bei einer Temperatur von nicht über 1 Grad Réaumur.

Ein Schneiden resp. Ausputzen zu jeder andern Zeit rächt sich leicht durch die später zu besprechenden Krankheiten.

Das Ausputzen nebst den übrigen Arbeiten sollte regelmäßig alle 2—3 Jahre sorgfältig ausgeführt werden und sind große Plantagen zu diesem Zwecke in 2—3 Reviere zu theilen, um beim Ausputzen eine Regelmäßigkeit in der Reihenfolge einzuführen.

Das in den vorstehenden Zeilen Gesagte gilt hauptsächlich für das Kernobst (Aepfel, Birnen ꝛc.), beim Steinobst (Kirschen, Pflaumen) dagegen hüte man sich, starke Aeste wegzunehmen, indem an solchen Stellen sehr leicht der tödtliche Gummifluß eintritt.

Bei dem Steinobst ist es von Natur schon überflüssig, ein Ausputzen vorzunehmen, indem in der Regel mehrmals getragene Fruchtzweige von selbst absterben und die Krone immer eine mäßige Anzahl Aeste besitzt, die mit nicht allzu vielen Zweigen besetzt sind.

Die kreuzweis oder zu dicht stehenden Zweige werden natürlich, wenn sie ziemlich stark sind, glatt weggeschnitten, die schwächeren über dem 3.—4. Auge, von der Basis des Astes gerechnet, entfernt und zwar Anfang Juli.

Erwähnt sei noch, daß die kleineren Schnittwunden einfach mit kaltflüssigem Baumwachs zu bestreichen sind.

Das Reinigen oder Abscharren der abgestorbenen oder bemoosten Rinde hat bei feuchtem Wetter zeitig im Frühjahr, Sommer oder Herbst mit größter Vorsicht zu geschehen, weil sonst starke Verwundungen eintreten und dadurch sehr leicht der Tod selbst starker Bäume erfolgen kann.

Sobald die Stämme gereinigt sind, wird die abgekratzte Rinde, Moos 2c. sorgfältig gesammelt und an Ort und Stelle sofort verbrannt, um die unter der trockenen Rinde 2c. befindlichen Larven und Insecten unschädlich zu machen und die Schmarotzerpflanzen, Schwämme und Pilze zu tödten.

Alle mit Schwämmen, Misteln 2c. behafteten Stellen werden sorgfältig ausgeschnitten und mit der schon erwähnten Mischung aus Rindermist, Lehm und Asche bestrichen. Auch für alte Wunden oder kranke, schadhafte Stellen ist dieselbe für den Baum als das Beste zu empfehlen.

In Nr. 20 der Frauendorfer Blätter, Jahrgang 1876, wird ein neuer Baumkitt empfohlen, der bei der letzten landwirthschaftlichen Ausstellung zu Paris prämiirt worden ist.

Derselbe besteht aus:
 25 Gewichtstheilen Kohlentheer,
 20 Gewichtstheilen Leinöl,
 100 Gewichtstheilen Kreide

und ist nicht nur bei Veredelungen, sondern auch bei Krankheiten der Bäume, z. B. beim Gummifluß, sowie bei Frostplatten verwendbar.

Hohle Bäume kann man noch lange in Fruchtbarkeit erhalten, wenn man die Höhlung mit Lehm ausfüllt und diesen, nachdem man ihn geglättet, mit Theer bestreicht, damit der Regen denselben nicht abspülen kann.

5. Verjüngen und Amveredeln alter Bäume.

Das Verjüngen der Baumkrone ist eigentlich nur ein stärkeres Ausputzen, indem man bei einem alten, aber sonst noch gesunden Baume alle starken Aeste bis auf das alte Holz einkürzt, um ihn durch Erlangung von Holztrieben wieder zu einer neuen kräftigen Vegetation zu bringen und die Frucht- und Holzzweige in richtigem Verhältniß zu erhalten.

Das Verjüngungsverfahren ist hauptsächlich dann anzuwenden, wenn der Baum in seiner Tragbarkeit erschöpft ist, seine Früchte immer kleiner werden und der Holztrieb ganz aufhört.

Die Ursachen dieser Umstände sind hauptsächlich Folgen des vernachläßigten Ausputzens, oder zu reicher Tragbarkeit, oder übermäßige Trockenheit des Bodens.

Man erkennt die Entkräftung des Baumes ganz sicher an dem spärlichen Wuchs und Ermangelung der Holztriebe an den äußersten Zweigspitzen. Ferner an dem Absterben einzelner Aeste und Zweige, sowie an dem Ueberhandnehmen von Wucherholz oder Wassertrieben, sog. Räubern.

Nicht nur bei kranken Bäumen, sondern auch bei Obstbäumen, die einen schlechten Wuchs haben, die herabhängende Zweige oder einseitig gebildete Kronen haben oder durch Hagelschlag stark beschädigt worden sind, ist eine Verjüngung von größtem Vortheil.

Die Folge der erwähnten Operation wird sein, daß sich eine Menge junger Triebe auf den stehengebliebenen Asttheilen bilden werden, von denen die am besten stehenden zur Bildung von Leittrieben zur Krone beibehalten, die übrigen aber eingekürzt event. ganz entfernt werden.

Man verfährt dabei am Besten, wenn man die etwaigen zuvielstehenden Aeste erst nach und nach, sobald die neue Baumkrone im ersten Erstarken ist, entfernt.

In neuerer Zeit hat man beobachtet, daß diese Arbeit am zweckmäßigsten im Herbst, im September, vorzunehmen ist, und zwar deshalb, weil dadurch dem Baume der größte Theil seiner Reservestoffe während der vegetationslosen Zeit zu Gunsten der sich im Frühjahr entwickelnden Frucht- und Holzbildung erhalten bleibt.

Bei dem Verjüngen der Aeste 2c. gilt auch das, was bei dem Ausputzen bereits gesagt worden ist.

Man suche beim Zurückschneiden an den verkürzten Aesten kleine Zugäste zu erhalten, um die Aufnahme der Säfte besser bewerkstelligen zu können, und benutze die Wassertriebe, wenn sie am Aste an passenden Stellen sitzen, durch Rückschnitt zur Bildung der Krone.

Nach 3—4 Jahren tritt bei einem gänzlich erschöpften Obstbaume, der normal radikal verjüngt worden ist, die Fruchtbarkeit wieder ein.

Zur Erreichung dieses Zweckes ist ein Auflockern der Baumscheibe, sowie Düngung mit Kalk oder kalkhaltigen Stoffen, Bauschutt von wesentlichem Vortheil.

Ebenso vortheilhaft als das Verjüngen ist das Umpfropfen der Bäume, welches man gewöhnlich anwendet, wenn die tragende Sorte dem Wunsche und Bedürfniß nicht mehr entspricht.

Diese Art der Veredelung mißräth in den meisten Fällen, wenn zu starke Bäume mit einem Male dieser

Operation unterworfen werden, anstatt daß dieselbe auf 2—3 Jahre ausgedehnt wird, weil in diesem Falle der zu stark zufließende Zellsaft die Reiser tödtet.

Ein anderer Grund, der ein Mißglücken sehr oft zur Folge hat, ist der, daß Unterlage und Edelreis nicht für einander passen, indem ersteres zu starkwüchsig für letzteres oder umgekehrt ist, oder sie sind zu verschieden in der Vegetationsperiode, um sich identificiren zu können.

Erfahrung und Beobachtung sind in diesen Fällen die besten Rathgeber.

Hat man die im ersten Jahre zu engstehenden Triebe im zweiten Jahre als außer im Verhältniß zur Bildung der Baumkrone entfernt, so ist es sehr rathsam, wenn man außerdem noch einige Zugäste wachsen läßt.

Sind die jungen, vorjährigen Aeste recht kräftig, so kann man dieselben, besonders solche, die zur Kronen= bildung beitragen, zunächst zum Veredeln benutzen. Bei diesen veredelungsfähigen Aesten sorge man vor allen Dingen, genügende Zugäste unter der Veredelungsstelle zu erhalten, weil dieselben viel Saft zu Gunsten der Edeläste einziehen und entferne sie erst dann, wenn die Edeläste den sich übermäßig bildenden Saft mit verarbeiten können, also in der Regel nach 2—3 Jahren.

Es ist dies nothwendig, da sonst leicht eine Saft= Ueberproduction eintreten könnte, in welcher die Bäume leicht ersticken würden.

An kleinen Aesten werden 1—2, an größern 3—4 Edelreiser an der Südwestseite aufgesetzt, am besten dann, wenn sich die Rinde gut löst, durch Rinden= pfropfen oder Pfropfen in den halben Spalt, oder im weniger günstigen Falle durch das Pfropfen mit dem Gaisfuß, oder Keilpfropfen, und bestreicht man dann die Veredelungsstellen mit kaltflüssigem Baumwachs.

Die zu veredelnden Sorten wähle man so, daß spättreibende wieder auf spättreibende gebracht werden und ebenso umgekehrt.

Die beste Zeit für das Umpfropfen ist das späte Frühjahr, während der Blüthezeit, indem dann die im vollsten Safte stehenden Edelreiser am sichersten verwachsen. — Bemerkt man im Herbst (September), daß die Edeltriebe noch in voller Treibkraft sind, so suche man dieselbe zu unterdrücken, indem man die Endspitzen einstutzt. Auf diese Weise wird der Saft den Edelzweigen erhalten, die Knospen bilden sich gut aus, das Holz kommt zur vollständigen Reife und kann so dem strengsten Winter widerstehen.

Im zweiten Jahr entfernt man einen Theil der Edelreiser, meist schon die Hälfte, aber nur dann, wenn sie sicher angewachsen sind und läßt sie mehrere Jahre ruhig weiter wachsen und schneidet erst dann auf die Hälfte ihrer Länge, wenn sie die gehörige Stärke erreicht haben.

Alle Edeltriebe müssen, um sie vor Abbrechen durch Stürme oder Vögel zu schützen, mit Stäbchen gebunden werden, bis sie vollständig erstarkt sind.

Bei Obstbäumen, die zu alt geworden sind und nur geringe mißliche Obsterträgnisse geben, ist es immer am vortheilhaftesten, dieselben so bald als möglich rein auszuroden, um neben der Stelle des alten einen jungen Baum pflanzen zu können.

Wenn dies geschehen soll, muß natürlich die alte nahrungslose Erde so viel als möglich entfernt und durch gute nahrhafte, die in recht große Baumlöcher gebracht wird, ersetzt werden.

Beim Pflanzen solcher Bäume achte man darauf, so viel gute Erde als irgend möglich zwischen die Wur=

zeln zu bringen, dünge dann den Boden öfters und ein frisches, kräftiges Gedeihen wird die Folge sein.

Es darf kein Wunder nehmen, wenn man so vielfach über die Unfruchtbarkeit alter Obstplantagen klagt, indem die großen Bäume in so langer Zeit durch oft Jahr auf Jahr folgende Obsternten den Vorrath der Nährstoffe im Boden nach und nach aufsaugen.

Durch fleißiges Düngen mit Kali und Kalk kann man die Fruchtbarkeit der Bäume lange erhalten.

6. Düngung der Obstbäume.

Wenn es allgemein anerkannt ist, daß beim Feld- und Gemüsebau die Düngung eine Hauptrolle spielt, so wird doch die Düngung der Obstbäume vielseitig viel zu wenig beachtet und ausgeführt, und wo sie wirklich angewendet wird, geschieht dies oft in unpassender oder ungenügender Weise, so daß eine Belehrung hierüber als dringende Aufgabe erscheint. Dr. Lucas, Jäger, Medicus, Oberdieck und Fr. Goeschke haben in ihren Schriften über den Obstbau diesen Gegenstand bereits treffend berührt, doch glaubt Verfasser dieses, immer wieder darauf zurückkommen zu müssen.

Immer ist dafür Sorge zu tragen, daß die Bäume in jedem Alter an Lebensfähigkeit und gesunder Tragbarkeit nicht verlieren und wenn der richtige Baumschnitt nach Oben das Seine dazu beizutragen hat, so hat es die Düngung nach Unten.

Wohl zu berücksichtigen ist dabei, daß letztere mit der nöthigen Vorsicht ausgeführt werde, da namentlich die Wurzelkrone ein sehr empfindlicher Theil des Baumes ist und bei der Düngung, namentlich mit künstlichen Düngesalzen, möglichst geschont werden muß.

Die erste Düngung muß der junge zu pflanzende

Baum dadurch erhalten, — vorausgesetzt daß er nicht in ganz guten Boden zu stehen kommt — daß die für denselben bestimmte Grube mit guter Garten= oder Düngererde versehen wird. Doppelt nöthig ist dies, wenn auf derselben Stelle oder in nächster Nähe schon ein alter Baum gestanden, der den Boden bereits aus= gesogen hat.

Ferner ist Düngung nöthig, wenn die Obstbäume durch sehr reichlichen Ertrag erschöpft sind und die Blüthen nicht mehr zur vollständigen Ausbildung ge= langen. Auf Baumfeldern — Aeckern — wo die dazwischen liegenden Ackerstreifen für die Feldfrüchte ohnehin gedüngt werden, ist natürlich eine besondere Düngung der Bäume weniger oder gar nicht nothwen= dig, nur darf zwischen den Bäumen nicht Esparsette oder Luzerne gebaut werden. Sehr vortheilhaft ist es für die Obstplantagen, wenn statt der Grascultur Ge= müse aller Art, Kohl, Kartoffeln und dergl. gebaut werden kann, denn nicht allein wird bei rationellem Betriebe eine höhere Verwerthung des Bodens erzielt, es wird dadurch auch die besondere Düngung der Bäume erspart, da, wie schon erwähnt, für den Gemüsebau gedüngt werden muß, was den Obstbäumen mit zugute geht, so daß diese nicht an Bodenmüdigkeit erkranken können. Soll aber durchaus Grasnutzung betrieben werden, so empfiehlt es sich, durch die seit einiger Zeit eingeführten Düngungsröhren flüssigen Dünger zuzu= führen. Diese Röhren werden in allen Größen in der Fabrik von Bertram in Ober=Gorbitz bei Dresden zum Preise von 25 Pfennige pro Stück angefertigt*)

---

*) Siehe auch Sächs. Obstbauzeitung Jahrg. 1877 Nr. 4 Seite 95.

und sind in durch Pfahleisen hergestellte Löcher in solcher Entfernung vom Stamme lothrecht einzusetzen, daß sie weniger die starken Hauptwurzeln als vielmehr die auslaufenden Faserwurzeln treffen, wodurch natürlich die Düngstoffe auf die schnellste Weise den Wurzeln zur Verarbeitung zugeführt werden.

Als flüssige Düngemittel werden verwendet: Kuh- oder Schafdünger, flüssiger Grubendünger, auch Hühner- und Taubenmist oder Guano und Kali; doch müssen alle diese Stoffe mit Wasser sehr verdünnt werden, da zu starke Düngung mehr Schaden als Nutzen bringen würde.

In der „Illustrirten Garten=Zeitung" von 1858 Seite 62 wird als Ersatz für den theuern Guano folgende Mischung angelegentlichst empfohlen:

Zu 100 Theilen nehme man:

50 Theile Holzasche,
33 „ Ochsenblut,
10 „ ungelöschten pulverisirten Kalk,
5 „ Schaf= oder Taubenmist und
2 „ pulverisirten rohen Salpeter.

Obige Ingredienzien werden in einem Faß oder sonstigen Gefäß tüchtig mit Wasser vermischt und den Winter über an der Luft gelassen. Im Frühjahr und Sommer gießt man vorzugsweise seine Obstbäume damit und verdünnt, je nach Bedürfniß, die Mischung noch mehr oder weniger mit frischem Wasser.

Ferner ist zu empfehlen: Guano versetzt mit 30 seines Volumens Wasser, d. h. 1 Theil Guano, 30 Theile Wasser; Taubenmist, Koth aus Tauben= oder Hühnerhäusern versetzt mit 30 ihres Volumens Wasser und durch Eisenvitriol desinficirt, für den Hectoliter Flüssigkeit 200 Gramm (12½ Loth).

Ein vorzüglicher Dünger ist auch ein Guß aus Kuhdung, Ofenruß, Holzasche und Superphosphat. Diese Mischung in einem circa 50 Eimer (Kannen) haltenden Bottich mehrere Tage lang der Einwirkung der Sonne ausgesetzt.

Obstbäumen im Alter von 20—30 Jahren giebt man wöchentlich bei anhaltendem trockenen Wetter gegen Ende Juni oder Anfang Juli 8—10 Kannen von der eben erwähnten Dungmischung, der man noch 10—12 Kannen Wasser nachgießt.

Auch Hornspähne und Knochenmehl sind besonders als starkwirkende Dünger dem Boden beim Umgraben der Baumscheibe beizumengen.

Von den mineralreichen Düngemitteln sind es alle erdartigen und salzigen Stoffe, welche den Pflanzen vorzügliche Nahrung bieten, als: Gyps, Kalk, Mergel, Chilisalpeter, Compost, Straßen-, Fluß- oder Teichschlamm, Hausabfälle u. s. w.

Die passendste Zeit für die Düngung ist immer vor Beginn der Vegetation, also im Februar und März, und dann gegen Ende Juni oder Anfangs Juli, wo der zweite Trieb beginnt.

Die oben erwähnten Düngungsröhren haben aber auch noch den Vortheil, daß zu jeder Zeit den Wurzeln Wasser zugeführt werden kann, während beim nur oberflächlichen Begießen der Bäume bei warmer trockener Witterung den Wurzeln nur wenig oder gar nichts zugute kommt. Die Zahl der nun jedem Baum einzusetzenden dergleichen Röhren und deren Entfernung vom Stamme richtet sich nach der Stärke des letzteren; je stärker und älter der Baum, desto weiter verzweigen sich die Faserwurzeln und darnach muß sich die Zahl und Entfernung der Röhren richten. Bei einem Baume von 20—25 cm. Stammdurchmesser würden z. B. 1,25 m im Umkreise 4—5 dergleichen einzuführen sein und in diesem Verhältniß bei stärkeren Bäumen mehr und entfernter, bei schwächeren weniger und näher. Auch ist es nothwendig, die Röhren im Spätherbste herauszunehmen und im Frühjahre frisch einzusetzen, wobei mit dem Platze nach Verhältniß zu wechseln ist. In Ermangelung solcher Röhren muß man sich mit einfachen 30—40 cm tiefen Löchern behelfen, in welche das Wasser und der flüssige Dünger eingegossen wird; in diese Löcher sind durchlöcherte Bretchen zu stellen, die nach allen 4 Seiten einige Centimeter über den Rand der Grube hinausgehen. Es wird dadurch das Nachfallen der oberen Erdschicht verhindert.

Die zur Baumdüngung sehr zu empfehlende sogenannte Gülle wird bereitet, indem man verrotteten Stallmist, welcher von verschiedenen Thieren herrührt, mit drei Mal so viel Wasser in Tonnen oder Gruben gähren läßt und zwar bei warmer Temperatur 48, bei kälterer 72 Stunden lang. Nach Angaben des Wanderlehrers Arnold hat man mit diesem Düngstoffe im Regierungsbezirk Trier sehr gute Resultate erzielt.

Im Allgemeinen ist zu erwähnen, daß nur bei Aepfel-, Birnen-, Zwetschen- und Pflaumenbäumen die Einführung von Düngestoffen nöthig ist, während Kirschbäume, namentlich in Sandboden, in der Weise gedüngt werden, daß gewöhnlicher Stalldünger eine Zeitlang auf die Oberfläche in der Nähe solcher Bäume gebreitet wird. Aprikosen und Pfirsiche sind nicht mit frischen Dungstoffen, sondern nur mit guter Composterde zu düngen; Beerenobst hingegen erträgt flüssigen Dünger sehr wohl.

Fünfter Abschnitt.
Wahl der Obstsorten.

1. Obstsorten, welche vom deutschen Pomologenverein für Mittel- und Norddeutschland empfohlen worden sind.

A. Kernobst.

1. Aepfelsorten.

Abkürzungen: * Tafelfrucht, † Wirthschaftsfrucht (die Verdoppelung der Zeichen erhöht den Werth für diesen oder jenen Zweck). F. = Frühjahr; S. = Sommer; H. = Herbst; W. = Winter.

Weißer Astrachan * †† S.
Pfirsichrother Sommerapfel ** † S.
Virginischer Rosenapfel * †† S.
Charlamovsky * †† S.
Cludius Herbstapfel ** † H.
Sommerzimmtapfel ** †† S.
Sommerparmäne ** † S.
Langtons Sondersgleichen * †† H.=W.
Rothe Herbstcalville ** †† H.
Scharlachrothe Parmäne ** †† H.
Gravensteiner **! ††! H.
Kaiser Alexander * †† H.
Danziger Kantapfel ** †† H.
Gelber Richard **! †† H.=W.
Prinzenapfel ** †† H.
Alantapfel ** †† W.
Geflammter Cardinal †† H.
Goldzeugapfel **! ††! H.=W.
Landsberger Reinette ** †† W.

Ananas=Reinette **! †† W.
Goldreinette von Blenheim **! †† W.
Gelber Edelapfel * †† H.
Purpurrother Cousinot * †† H.
Rother Winter=Taubenapfel **! † W.=F.
Deutscher Goldpepping ** †† H.=W.
Gelber Bellefleur ** †† W.
Scott's Reinette ** †† W.=F.
Baumann's Reinette ** †† W.=F.
Harbert's Reinette ** †† W.
Muskatreinette **! †† W.=F.
Carmeliterreinette ** †† W.
Röthliche Reinette ** †† W.
Schmidtberger's rothe Reinette ** †† W.=F.
Parker's Pepping ** †† W.
London=Pepping ** †† H.=W.
Winter=Goldparmäne **! ††! H.=W.
Reinette von Orleans **! †† W
Pariser Rambourreinette **! †† W.=F.
Gaesdonker=Reinette **! ††! W.
Culon's Reinette ** †† W.
Graue französische Reinette ** †† W.
Ripston=Pepping **! †† H.=W.
Champagner=Reinette * ††! W.=F.
Große Casseler Reinette ** ††! W.=F.
Rother Eisenapfel †† W.=F.
Grüner Fürstenapfel * †† H.=W. .

Birnen.

Runde Mundnetzbirne **! † S.
Stuttgarter Gaishirtelbirne ** ††! S.
Gute Graue ** † H.
William's Christbirne ** † H.

Amanli's Butterbirne ** † H.
Grüne Tafelbirne ** †† S.
Hannöversche Jacobsbirne * †† S.
Kuhfuß ††! H.
Windsorbirne * †† H.
Esperens Herrnbirne ** † H.
Punctirter Sommerdorn ** ††! S.
Rothe Bergamotte ** ††! H.
Gellert's Butterbirne ** † H.
Holzfarbige Butterbirne **! †† H.
Esperine ** † H.
Blumenbach's Butterbirne (Soldat Laboureus) **! † H.
Coloma's Herbstbutterbirne ** † H.
Napoleons Butterbirne **! †† H.
Weiße Herbstbutterbirne **! †† H.
Rothe Dechantsbirne **! †† H.
Vereins-Dechantsbirne **! † H.
Hofrathsbirne ** H.
Köstliche von Charneu **! † H.
Gute Louise von Aranches **! † H.
Marie Louise **! H.
Philipp Goës ** † H.
Hellmann's Melonenbirne ** †† W.
Seckelsbirne **! H.
Clairgeau's Butterbirne **! W.
Herzogin von Angoulême **.
Neue Poiteau **!.† H.
Schwesternbirne ** † H.
Grumkower Butterbirne ** † H.
Forellenbirne **! † H.
Bachelier's Butterbirne ** H.
Six's Butterbirne ** H.
Hardenpont's Winter-Butterbirne **! † W.

Siegel's Winter=Butterbirne **! † W.
Winter=Nelis ** † W.
Regentin **! † W.=F.
Leon Gregoire ** W.
Winter=Dechantsbirne **! †† W.
Josephine von Mecheln ** W.
Baronsbirne †† W.
Campervenus ††! W.
Großer Katzenkopf ††! W.=F.
Queensbirne †† H.

B. Steinobst.
a. Süßkirschen.

Coburger Mai=Herzkirsche ** † Reifz. 1. Woche d. Kirschzeit.
Große schwarze Knorpelkirsche ** †† Reifz. 5. Woche d. Kirschz.
Fromm's Herzkirsche ** †† Reifz. 3. Woche d. Kirschz.
Krüger's Herzkirsche **!†† Reifz. 3. Woche d. Kirschz.
Hedelfinger Riesenkirsche ** † Reifz. 2. Woche d. Kirschz.
Schneider's späte Knorpelkirsche ** †† Reifz. 5. Woche d. Kirschz.
Winkler's weiße Herzkirsche ** †† Reifz. 2. Woche d. Kirschz.
Lucienkirsche ** †† Reifz. 3. Woche d. Kirschz.
Eltonkirsche ** † Reifz. 4. Woche d. Kirschz.
Große Prinzessinkirsche ** †† Reifz. 4. Woche d. Kirschz.
Büttner's späte rothe Knorpelkirsche **!† Reifz. 5. Woche d. Kirschz.
Dönnissen's gelbe Knorpelkirsche ** † Reifz. 5. Woche d. Kirschz.

b. Sauerkirschen.

Rothe Maikirsche ** † Reifz. 2. Woche d. Kirschz.
Spanische Glaskirsche ** † Reifz. 2. Woche d. Kirschz.

Große Glaskirsche von Montmorency ** †† Reifz.
3. Woche d. Kirschz.
Süße Frühweichsel * †† Reifz. 2. Woche d. Kirschz.
Königliche Amarelle ** ††! Reifz. 2. Woche d. Kirschz.
Herzogin von Angoulême ** † Reifz. 3. Woche d. Kirschz.
Späte Amarelle ** †† Reifz. 4. Woche d. Kirschz.
Ostheimer Weichsel ** †† Reifz. 4. Woche d. Kirschz.

Pflaumen.

Hauszwetsche **! ††! Sept., Oct.
Italienische Zwetsche ** †† Mitte Sept.
Hartwig's gelbe Zwetsche ** † Anf. Sept.
Violette Diapree **! ††! Mitte—Ende Aug.
Große Zuckerzwetsche ** † Sept.
Violette Jerusalemspflaume ** † Mitte Sept.
Fürst's Frühzwetsche ** †† Mitte Sept.
Frankfurter Pfirsichzwetsche ** † Mitte Sept.
Königin Victoria ** † Ende Aug.
Raugheri's Mirabelle ** †† Mitte Aug.
Kirker's Pflaume ** † Anf. Sept.
Esperens Goldpflaume ** † Sept.
Althanus Reineclaude ** † Anf. Sept.
Braunauer aprikosenartige Pflaume ** † Anf. Sept.
Meroldt's Reineclaude * †† Mitte Sept.
Große Reineclaude **! †† Aug.
Lepine ** †† Ende Sept.
Jefferson ** Sept.
Königspflaume von Tours ** †† Mitte Aug.
Gelbe Mirabelle ** ††! Mitte—Ende Aug.
Washington ** † Sept.
Frühe Reineclaude ** † Mitte Aug.
Bunter Perdrigon ** Aug.

2. Obstsorten, welche vom sächsischen Obstbauvereine für kalte und rauhe Lagen empfohlen worden sind.

A. Kernobst.

Aepfelsorten,
welche ebensowohl für rauhe und kalte Lagen geeignet sind:

Gravensteiner ** †† H.
Engl. Winter=Gold=Parmäne ** †† H.
Weißer Astrachan * † S.
Langton's Sondergleichen * †† H.=W.
Große Kasseler Reinette ** †† W.=F.
Gelbe gestreifte Schafsnase H.
Rother Stettiner (feuchter Boden) * †† W.=F.
Rother königlicher Kurzstiel ** ††! W.
Großer rheinischer Bohnapfel †† W.=S.
Engl. scharlachrothe Parmäne ** †† H.
Leitheimer H.
Safranapfel * †† H.
Kleiner Herrenapfel * †† H.=W.
Rother Astrachan * †† H.

Blos für rauhe Lagen geeignet sind:

Alantapfel ** †† W.
Rother böhmischer Jungfernapfel.
Danziger Kantapfel ** ††.
Rothe Herbstcalville ** †† H.
Fraas Sommercalville ** † H.
Pariser Rambour=Reinette **! ††! W.=F.
Prinzenapfel ** †† H.
Rother Winter=Taubenapfel ** †† W.=F.

Goldennoble * †† H.=W.
Edler Winter=Borsdorfer ** †† (feuchter Sand) W.
Zwiebel=Borsdorfer * †† W.
Grüner Fürstenapfel †† W.=F.
Gestreifte rothe Ostercalville W.
Pleißner Rambour H.

Birnensorten,
welche ebenso wohl für rauhe und kalte Lagen
geeignet sind:

Leipziger Rettigbirne ** †† S.
Grüne Hoyerswerdaer **! S.=H.
Forellenbirne ** †† H.
Grumkower Butterbirne ** † H.
Grüne Sommer=Magdalene ** † S.
Sparbirne ** †† S.
Rother oder punktirter Sommerdorn ** †† H.
Lange gelbe Sommer=Muskatellerbirne S.

Blos für rauhe Lagen geeignet sind:

Napoleon's Butterbirne ** † H.
Wildling von Motte ** † H.
Frankenbirne ††! H.
Gelbe Sommer=Herrenbirne S.
Capiaumont's Herbst=Butterbirne ** † H.
Diel's Butterbirne ** † H.
Stuttgarter Gaishirtelbirne ** † S.
Lange Sommer=Mund=Netzbirne **! † S.
Marie Louise ** † H.
Bosc's Flaschenbirne ** † H.
Clairgeau **! W.

B. Steinobst.

Kirschsorten
für rauhe und kalte Lagen:

Perl=Herzkirsche. Reifez. 3. Woche d. Kirschz.
Werder'sche frühe schwarze Herzkirsche ** † Reifez. 1. Woche d. Kirschz.
Große schwarze Knorpelkirsche ** †† Reifez. 5. Woche d. Kirschz.

Nur für rauhe Lagen:
Lauermann's Kirsche.
Velser Kirsche ** ††! Reifez. 3. Woche d. Kirschz.

Pflaumen,
für rauhe Lagen können vorgeschlagen werden:
Hauszwetsche ** †† Ende Sept. — Anf. Oct.
Grüne Reineclaude. Aug., Sept.
Italienische Zwetsche ** †† Mitte — Ende Sept.
Blaue Eierpflaume. Sept.

3. Obstsorten, welche für alle Verhältnisse, besonders für Mittel- und Norddeutschland passen.

A. Kernobst.
1. Aepfel.

Weißer Astrachan.
Geflammter Cardinal.
Charlamowsky.
Gravensteiner.
Danziger Kantapfel.
Scharlachrothe Parmäne.
Engl. Winter=Goldparmäne.

Prinzenapfel.
Große Kasseler Reinette.
Virginischer Rosenapfel.
Lausitzer Nelkenapfel.
Maibier=Parmäne.
Mohren=Stettiner und Mohren=Borsdorfer.

2. Birnen.

Rothe Herbstbergamotte.
Amanlis.
Colomas' Herbst-Butterbirne.
Diel's Butterbirne.
Grumkower Butterbirne.
Hartenpon's Winter-Butterbirne.
Holzfarbige Herbst-Butterbirne.
Liegel's Butterbirne.
Napoleon's Butterbirne.
Beurré blanc.
Rabenauer Blancbirne.
Leipziger Rettigsbirne.

B. Steinobst.

3a. Süßkirschen.

Coburger Mai-Herzkirsche.
Frühe Mai-Herzkirsche.
Krüger's Herzkirsche.
Spitzen's Herzkirsche.
Große schwarze Knorpelkirsche.
Schwarze spanische Knorpelkirsche.
Eltonkirsche.
Große Prinzessinkirsche.
Büttner's späte rothe Knorpelkirsche.
Lauermannkirsche.

3b. Sauerkirschen.

Spanische Glaskirsche.
Doppelte Glaskirsche.
Große Glaskirsche von Montmorency.
Ostheimer Weichsel.
Große lange Lothkirsche.
Späte Amarelle.

4. Pflaumen.

Gewöhnliche Hauszwetsche.
Grüne Reineclaude.
Gelbe kleine Mirabelle.
Italienische Zwetsche.
Anna Spät.
Braunauer aprikosenartige Pflaume.

5. Aprikosen,
für geschützte Lagen zu empfehlen.

Ambrosia=Aprikose.
Ananas=Aprikose.
Esperens=Aprikose.
Aprikose von Nancy.
Aprikose von Breda.
Große Zuckeraprikose.
Aprikose von Tours.

Große frühe (Gros blanc d'Auvergne), Baum sehr dauerhaft, Früchte sehr schön.
Große Türnauer.
Luiset's Aprikose.

Pfirsiche und Nectarinen,
für geschützte Lagen zu empfehlen.

Balgone.
Prachtvolle Aprikosenpfirsiche.
Victoria.
River's orange.
Galand Pfirsich.
Leopold I.
Weiße Nectarine.

Madelaine rouge.
Madelaine blanche.
Frühe Mignon.
Venusbrust.
Willermoz.
Reine des Bergers.
Schöne von Westland.

Berichtigungen.

Seite 5 Zeile 23 v. o. statt „Lolium pereum" soll es heißen „**Lolium perenne.**"

„ 7 „ 5 v. u. statt „hohen" f. h. „**hohlen.**"

„ 13 „ 6 v. u. statt „Vermehrungsmethode" f. h. „**Vermehrung.**"

„ 16 „ 10 v. o. ist das Wort „in" zu streichen.

„ 20 „ 11 v. u. statt „Hochstamm" f. h. „**Hochstamm.**"

„ 22 „ 1 v. o. muß es heißen: „daß man den in den Ausschnitt eingesetzten keilförmigen Schnitt des Edelreises über dem Rande des Ausschnittes 3 mm überstehen läßt, da auf diese Weise 2c."
Im dritten Satze Zeile 9 v. o. ist nach „Birnen" ein „:" zu setzen.
In diesem Satze sind die Namen „prunus" mit einem „P" zu schreiben.
Letzte Zeile statt der Worte „vielleicht trotz": „**wegen**" zu setzen.

„ 23 „ 6 v. o. beim Worte „behafteten" das „n" zu streichen.

„ 26 „ 8 v. u. nach dem Worte „Seitentriebe" soll es heißen: „bis" statt „bei."

„ 26 „ 6 v. u. soll es heißen: „desgleichen bis zu derselben Höhe von der Basis 2c."

„ 26 „ 4 v. u. soll es heißen: „**zu starken Triebe**" statt „Verstärkungstriebe."

„ 28 „ 19 v. o. soll es heißen: „**verwendet**" statt „gelegt."